읽을수록 빠져드는

경제로 배우는

세계사

글쓴이 곰곰쌤

대학에서 금속 분자 재료를 공부하고 학생들에게 수학과 과학을 알려 주는 선생님이에요. 그동안 학생들이 공부하기 힘들어 할 때마다 역사 속 수학과 과학, 경제 이야기를 들려주었는데, 그 내용을 모아 이 책을 만들었어요. 쓴 책으로 《읽을수록 빠져드는 수학으로 배우는 세계사》, 《읽을수록 빠져드는 과학으로 배우는 세계사》가 있습니다.

그린이 토리아트

상상하는 모든 것을 그리고 디자인하는 푸른 꿈이 있는 곳, 무한한 상상력을 갖고 색다른 기획과 그림, 디자인으로 수준 높은 창작물을 만들려는 회사입니다. 그림을 그린 책으로 《꼬레아 타임스》, 《초등 숙제 왕! 명화편: 이 그림으로 말할 것 같으면!》, 《초등 숙제 왕! 명절·기념일편: 오늘로 말할 것 같으면!》, 《초등 숙제 왕! 인물편: 나로 말할 것 같으면!》, 《겜블록스 월드: 버그 패치! 클릭 대장》, 《아홉 살 탐정 레베카》 시리즈, 《도티&잠뜰 탐정 프렌즈》 시리즈 등이 있습니다.

읽을수록 빠져드는
경제로 배우는 세계사

1판 1쇄 인쇄 2026년 1월 5일
1판 1쇄 발행 2026년 1월 15일

글쓴이 곰곰쌤 **그린이** 토리아트
발행인 오영진 김진갑 **발행처** 제제의숲 **기획편집** 이희자
디자인 안경희 **마케팅** 박시현 박준서 김승겸 박가영 한영은

출판등록 2013년 1월 25일 제2013-000028호
주소 서울시 마포구 월드컵북로5가길 12 서교빌딩 2층
원고 투고 및 독자 문의 midnightinzeze@naver.com
전화 02-332-7706 **팩스** 02-332-7741
블로그 blog.naver.com/midnightbookstore
페이스북 www.facebook.com/tornadobook

ISBN 979-11-5873-348-3 (73300)

제제의숲은 ㈜심야책방의 자회사입니다.

읽을수록 빠져드는 경제로 배우는 세계사

곰곰쌤 글 · 토리아트 그림

제제의숲

차례

I

기원전

경제는 언제부터 시작됐나요, 플라톤 선생님?

옛날부터 사람들은 필요한 걸 서로 교환하거나 나눴어요.
그러다 교환할 때의 기준으로 '화폐', 즉 '돈'을 사용했지요.
경제학은 바로 돈과 관련된 학문이에요.
그럼 그 시작이 어땠는지 알아볼까요?

1. 기원전 4세기경의 고대 그리스

경제란 무엇일까?

경제의 뜻을 인터넷이나 사전에서 찾아보면 알쏭달쏭 어려워요. 그렇지만 쉽게 말해서 돈을 벌거나, 쓰는 모든 일이 전부 경제라고 할 수 있어요. 물건을 만드는 것도, 집을 짓는 것도, 농사를 짓는 것도 경제예요. 물론 물건을 사는 것도, 집을 빌리는 것도, 맛있는 것을 사 먹는 것도 경제고요. 이 모든 것이 경제라고 하니 사람들에게 경제가 중요한 것은 당연하겠지요?

그래서 아주 먼 옛날부터 사람들은 경제에 대해 깊이 생각했답니다. '내게 꼭 필요한 것을 구하고 싶은데, 어떻게 해야 더 좋은 것을 더 많이 구할 수 있을까?' 하고 말이에요. 동굴에 살던 시절부터 사람들은 필요한 걸 서로 교환하거나, 나누거나 했어요.

결국 사람들은 교환하는 것의 기준을 정하게 되었고, 그게 바로 '화폐', 즉 '돈'이에요.

경제학은 돈과 관련된 학문이지요.

곰곰 쌤의 잡학 사전 화폐의 역사

사람들은 필요한 것을 얻기 위해 여러 가지 방법을 썼어요. 처음에는 서로 필요한 물건과 물건을 바꾸는 '물물 교환'을 했지요. 하지만 필요한 것이 서로 다를 때도 많아, 곡물이나 소금, 조개 등의 일정한 물품을 기준 삼아 필요한 물건을 바꾸게 되었어요. 그러나 이런 물품은 보관과 관리가 어려웠어요. 그래서 보관과 관리가 쉬운 '금속 화폐'를 만들었어요. 그러다 금속보다 더 가볍고 보관이 편한 '종이 화폐'를 썼고, 전자 칩을 넣은 신용 카드와 같은 '전자 화폐'를 쓰게 됐지요. 지금은 실물 없이 쓰는 '디지털 화폐'까지 쓰게 되었고요.

파란만장한 고대 그리스

기원전 5세기 초 이집트와 메소포타미아 지역은 고대 문명 발상지 중 한 곳인 만큼 그 일대에서 가장 발달한 나라였어요. 이 지역 대부분을 페르시아 제국이 다스리고 있었지요. 당시 고대 그리스는 각각의 도시가 독립적인 나라인 '도시 국가'였는데, 도시 국가들끼리 서로 힘을 합치기도 하고 싸우기도 했지만, 에게해 주변에서 가장 큰 세력이었어요. 고대 로마는 지금의 이탈리아 반도에서 영향권을 더욱 넓히려 하고 있었고요. 이때 페르시아는 소아시아의 분쟁을 가라앉히기 위해 소아시아를 침공했는데, 단김에 그리스까지 쳐들어가기로 했어요. 기원전 490년이었지요.

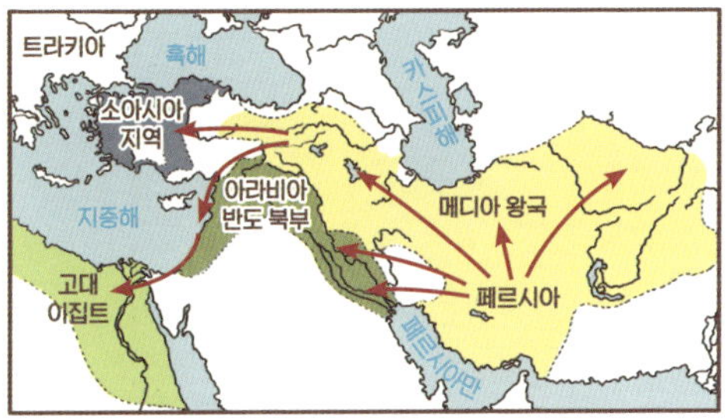

페르시아의 진출.

페르시아와 그리스의 도시 국가 연합군 사이에는 엄청난 수의 병력 차이가 있었지만, 놀랍게도 병력이 훨씬 적었던 그리스 연합군이 승리했어요. 페르시아는 이대로 물러날 수 없었지요. 그래서

그 후에도 두 번이나 그리스를 침공했지만, 그리스 연합군은 두 번 모두 페르시아군을 막아 냈어요. 이 패배로 페르시아가 식민지처럼 다스리던 다른 속국들이 들고 일어났고, 왕위 다툼까지 있던 탓에 정치적으로 매우 불안해졌어요.

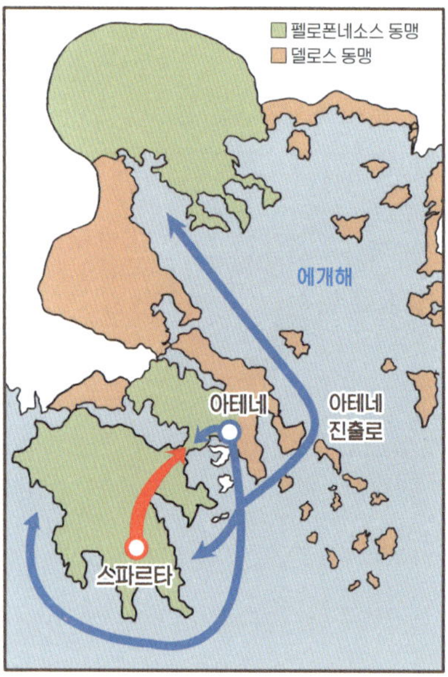

펠로폰네소스 전쟁.

전투에서 승리한 그리스 연합은 이 기회를 틈타 전쟁의 원인이 된 소아시아 지역뿐 아니라, 이집트와 그 너머까지 영향력을 넓혔어요. 그리스 연합 내에서도, 전쟁 전에 가장 세력이 컸던 스파르타의 영향력이 줄어들고, 아테네의 세력이 커졌어요.

이런 아테네를 못마땅하게 여긴 그리스의 다른 도시 국가들이 스파르타를 중심으로 하는 '펠로폰네소스 동맹'을 맺었지요. 그리하여 아테네 중심의 '델로스 동맹'과 스파르타 중심의 펠로폰네소스 동맹 사이에 전쟁이 일어났어요. 이 전쟁을 '펠로폰네소스 전쟁'이라고 불러요.

전쟁은 기원전 431년에 시작되어 기원전 338년까지 이어졌어요. 서로 힘을 합쳐 페르시아에 맞섰던 병사들이, 페르시아가 물러가자 서로에게 칼을 들이대게 됐지요. 두 동맹은 힘이 거의 비슷해서 전쟁은 길어졌고, 전쟁의 피해도 점점 커졌어요. 결국 스파르타의 펠로폰네소스 동맹이 승리했지만, 힘을 너무 소모해 버린 스파르타는 함께 싸웠던 코린토스와 테베에게 공격당하며 멸망의 길로 들어섰어요. 이처럼 고대 그리스가 전쟁으로 정신없을 때 마케도니아 왕국에서 그 유명한 알렉산드로스 3세(알렉산드로스 대왕)가 나타났지요. 결국 그리스는 테베, 아테네 할 것 없이 전부 알렉산드로스 대왕에게 점령당하고 말았어요.

플라톤의 《국가》

이렇게 흥했다 망했다를 반복한 고대 그리스는 이집트 문명이나 황허 문명 등 우리가 아는 다른 고대 문명과 비교하면 그 시작이 늦은 편이었지만, 전 세계 역사에서 무척 중요해요. 왜냐하면 다양한 현대 학문의 기틀이 이때 잡혔기 때문이에요. 경제학도 마찬가지였고요.

펠로폰네소스 전쟁 이후에 태어난 고대 그리스의 철학자 플라톤 역시 경제에 대해 고민했어요.

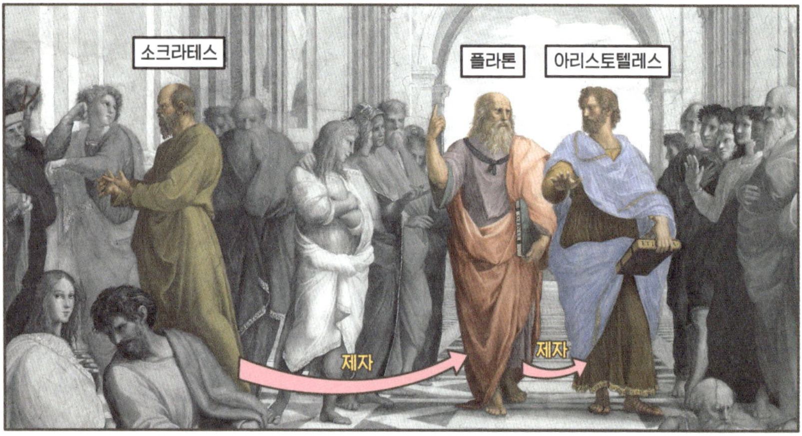

〈아테네 학당〉 그림 속의 소크라테스, 플라톤, 아리스토텔레스.

플라톤은 소크라테스의 제자이자 아리스토텔레스의 스승으로, 고등 교육 기관인 '아카데메이아'를 세웠어요. 오늘날의 대학교와 비슷하지요. 그는 인간 사회나 윤리 문제에 대한 것을 집중적으로 연구하고 이야기했어요.

곰곰 쌤의 잡학 사전 아카데메이아

고대 그리스는 도시 국가 체계였어요. 도시 국가란 하나의 도시가 하나의 국가 역할을 하는 체계예요. 현대에는 싱가포르가 대표적인 도시 국가이지요. 그리스의 각 도시 국가는 기본적인 교육 기관이 있었어요. 하지만 플라톤은 더 높은 수준의 교육 기관이 있어야 한다는 생각으로 '아카데메이아'를 만들었지요. 아카데메이아에서 파생된 단어가 영어의 '아카데미'예요. 지금 우리가 쓰는 아카데미라는 단어는 모든 종류의 학술 기관을 가리켜요.

플라톤 시대의 아카데메이아를 모자이크로 나타낸 그림.

플라톤은 어려서부터 철학, 문학뿐만 아니라, 그림, 레슬링 등에도 재능이 있었다고 해요. 자라면서 다방면에 걸쳐 많은 연구를 했고, 서양의 모든 학문 분야에서 큰 영향력을 남겼지요.

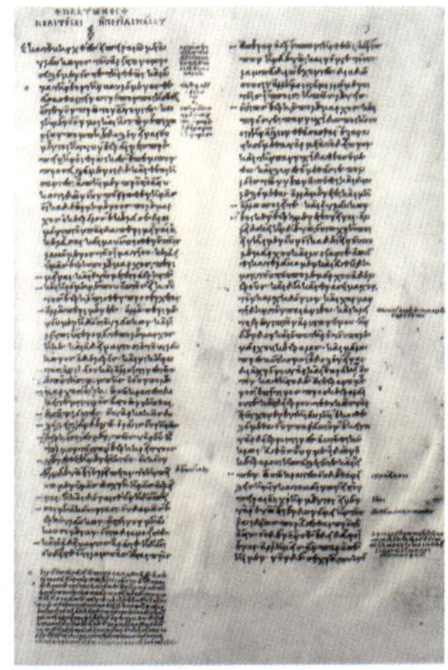

플라톤의 《국가》.

사람들의 생활과 밀접한 관계가 있는 경제도 당연히 연구했어요. 특히 사람들이 살아가면서 이루는 공동체인 '국가'에 깊은 관심을 가지고, 국가의 바탕이 되는 국민이 잘살기 위해서는 '정치'와 '경제'가 중요하다고 생각했어요. 이런 생각은 그가 쓴 책 《국가》에 잘 담겨 있어요. 여기에서는 《국가》에서 다루고 있는 경제 부분만 살펴볼게요.

2. 플라톤과 아리스토텔레스

철인이 다스리는 나라

플라톤은 젊은 시절 여러 사건을 겪으면서 이곳저곳을 돌아다니는 방랑 생활을 했어요. 그러다 보니 국가의 지배자가 잘못 다스리면, 그 국가의 국민이 고통받는다는 것을 경험으로 깨우쳤지요. 또한 많은 사람이 교육에 그다지 관심이 없고, 다른 사람이 부추기는 말과 행동에 쉽게 휘둘린다는 것도 알았어요. 이런 일이 벌어지는 이유는 부를 더 많이 차지하려는 사람들의 욕심 때문이라는 결론을 내렸고요. 그래서 플라톤은 올바른 생각을 가진 뛰어난 인물인 '철인'이 나라를 다스려야 한다고 생각했어요. 지금으로 따지면 슈퍼맨 같은 사람이요.

플라톤.

철인이 욕심 때문에 실수하지 않도록, 철인에게는 개인이 자유롭게 쓸 수 있는 재산인 '사유 재산'이 없어야 한다고 했어요.

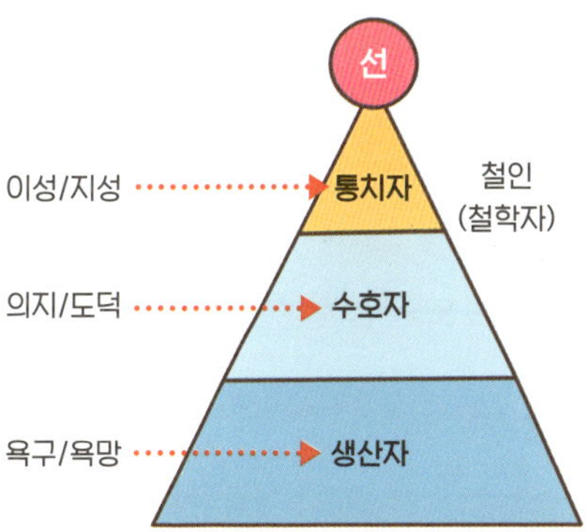

철인이 다스리는 국가.

플라톤은 지배 계급을 '수호자'라고 말하면서, 수호자 계급은 서로 재산을 공유해야 한다고 주장했지요. 그래야 개인적인 욕망에 흔들릴 일이 없을 테니까요. 너무 부유한 것도, 너무 가난한 것도 좋지 않기 때문에, 검소하되 가난하지 않은 삶을 유지해야 한다면서요.

이런 생각으로 플라톤은 '남녀평등'도 주장했어요. 남자와 여자의 본성은 같으므로, 여자도 남자와 같은 교육을 받고, 적성에 맞는다면 남자와 같이 수호자나 군인이 될 수 있다고 했지요.

육아 역시 '공동육아'를 해야 한다고 했어요. 아버지나 어머니, 형제자매가 누구인지 모르게 아이들을 함께 교육하고 길러서, 가족 관계에서도 사적 관계가 없도록 해야 한다고요.

곰곰 쌤의 잡학 사전 《국가》, 사회주의랑 비슷?

《국가》에 쓴 플라톤의 사상은 훗날 공산주의와 사회주의의 기반이 되기도 하지만, 사실 플라톤은 지배 계급의 재산 공유를 생각한 것이지 사유 재산이 없어야 한다는 것은 아니었기 때문에 세세히 따져 보면 그 내용이 전혀 달라요.

스승과 생각이 달랐던 아리스토텔레스

아리스토텔레스.

플라톤의 제자인 아리스토텔레스는 스승과 생각이 달랐어요. 애초에 국가는 국민이 모여서 만들어지는 집단인 만큼, '집단'보다 '개인'에 초점을 두어야 한다고 생각했거든요. 경제에서도 '공유제'는 불안정한 제도이니, 사유 재산을 인정해야 한다고요. 나쁜 건 제도가 아니라 사람의 나쁜 마음이기 때문에 교육을 통해 평등과 공정의 문제를 해결해야 한다고 말했어요.

플라톤과 아리스토텔레스 두 사람의 서로 다른 생각은 이후 경제학이 발전하는 과정에서 두 개의 큰 축이 되었어요. 완전히 일치하지는 않지만, 현대의 자본주의와 의무 교육은 아리스토텔레스의 주장에서, 복지 제도와 수정 자본주의의 기반은 플라톤

우리는 스승과 제자 사이지만
경제에 대한 생각과 의견은 달라.
플라톤
스승 플라톤
VS
제자 아리스토텔레스
아리스토텔레스
경제가 점점 발전하여
복지 제도, 수정 자본주의는
플라톤 주장에서
현대 자본주의, 의무 교육은
아리스토텔레스 주장에서
찾을 수 있어.

의 주장에서 찾아볼 수 있거든요.

현대에는 사유 재산권과 복지와 부의 재분배 정책이 충돌할 때 어떻게 조정할 것인지가 가장 큰 논쟁거리니까요.

플라톤과 아리스토텔레스, 이 두 명의 위대한 철학자 말고도 경제에 관심을 가진 학자는 많았지만, 경제가 하나의 학문으로 인정받지는 못했어요. 이유는 단순했지요. 18세기까지 사람들에게 경제는 하나의 독립된 학문으로 여겨지지 않았기 때문이에요.

II

18세기

경제학의 시작, 《국부론》의 애덤 스미스

경제학이 뭔지 잘 모르는 사람도 '국부론'이나
'보이지 않는 손'이라는 말은 들어 봤을 거예요.
조금 더 관심이 있다면 그것들을
'애덤 스미스'라는 사람이 만들었다는 것도요.
구체적으로 이것들이 뭔지 알아볼까요?

1. 18세기 영국

대항해 시대의 끝과 열강들의 전쟁

포루투갈 리스본에 있는 대항해 시대를 기념하는 발견기념비.

15세기를 지나면서 유럽은 새로운 항로를 개척해 세계 곳곳을 누비는, 이른바 '대항해 시대'를 맞이했어요. 사람들이 마주 하는 세상이 넓어지자, 경제의 규모도 커졌어요. 새로운 대륙을 발견한 사람들은 자원 확보와 무역으로 큰돈을 벌어들였고, 유럽의 여러 나라는 신대륙에 있는 땅을 더 많이 차지하겠다고 툭하면 전쟁을 벌였지요. 하지만 이 탐험은 점점 그 열기가 식었고, 대항해 시대는 그렇게 끝나가고 있었어요. 대신 식민지를 더 많이 갖겠다며 유럽 곳곳에서 끊임없이 전쟁이 일어났지요.

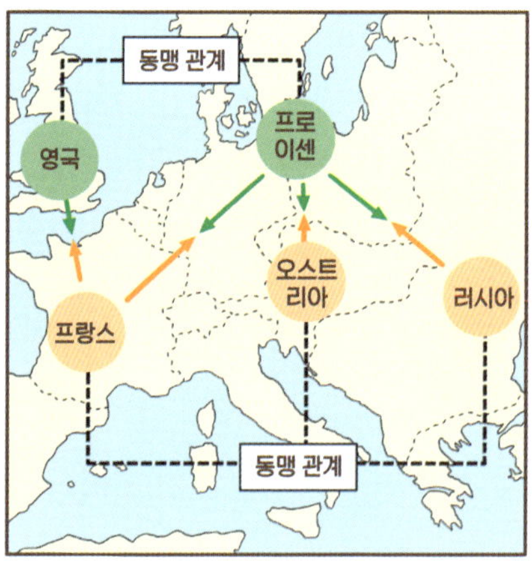

7년 전쟁의 동맹 관계.

가장 대표적인 전쟁이 1756년부터 1763년까지 이어진 '7년 전쟁'이에요. 지금의 독일인 프로이센과 오스트리아의 영토 분쟁으로 시작된 이 전쟁은 순식간에 '프랑스-오스트리아-러시아 동맹'과 '영국-프로이센 동맹'의 큰 전쟁이 되었어요. 이뿐만 아니라, 유럽의 열강들은 자신들의 식민지에서도 전쟁을 벌였어요. 특히 이 시기에 북아메리카에서 영국과 프랑스의 전쟁이 벌어졌지요.

남해 회사 주식 사태

대항해 시대가 끝나갈 무렵 7년 전쟁이 시작되기 전, 영국에서는 엄청난 사건이 있었어요. 바로 '남해 회사 주식 사태'예요. 이 사건으로 '거품 경제'라는 말이 생겼지요.

남해 회사 주식 사태에 대해 간단하게 정리해 볼게요.

영국의 경제적 위기를 극복하기 위해 설립된 남해 회사는 식민

'거품 경제'라는 말 들어 봤지? 이 말이 나온 사건에 대해 알아볼까?
노예 무역 사업을 하는 남해 회사
남해회사
남해 회사에 투자하면 큰 이득을 본다는 소문이 났어.
과학자 뉴턴, 음악가 헨델도 투자했지. 영국에서 투자가들이 늘면서,
남해 회사 투자!
남해 회사 주가는 폭등하지만
사업 이익이 기대에 못 미치자 주가는 폭락해.
으악, 내 20억 원!
아이작 뉴턴

지에서 노예를 사와 상품처럼 사고파는 노예 무역 사업으로 큰 이득을 볼 것이라고 언론을 이용해 크게 선전했어요. 그러자 사람들은 너도나도 이 회사에 투자했고, 회사 주식의 가치인 '주가'는 엄청나게 올랐지요.

여러분도 잘 아는 영국의 유명한 과학자 아이작 뉴턴 역시 이곳에 투자해서 처음에는 돈을 좀 벌었다고 해요. 남해 회사의 주가가 생각한 것보다도 훨씬 많이 오르자, 뉴턴은 "내가 천체의 움직임은 계산할 수 있어도, 인간의 광기는 계산할 수 없다."라는 말까지 했을 정도였대요.

아이작 뉴턴.

그러나 큰 이익을 볼 것이라는 남해 회사의 거짓말은 결국 들통이 났고, 회사 주가는 곤두박질쳤어요. 이때 아이작 뉴턴도 전 재산을 이 회사 주식에 투자했다가, 지금으로 치면 약 20억 원을 손해 봤다고 하니 말 다했죠. 독일 태생의 영국 작곡가 헨델도 이 회사에 투자했는데, 헨델은 뉴턴과 달리 아주 크게 이익을 봤고, 이렇게 번 돈으로 유명한 '왕립 음악 아카데미'를 만들었어요. 하지만 대부분의 사람은 뉴턴과 마찬가지로 큰 손해를 봤다고 해요.

게오르크 프리드리히 헨델.

남해 회사 주식 사태는 1720년에 막을 내렸지만, 영국의 경제는 큰 혼란에 빠졌고, 그 영향은 그 뒤로도 한참을 갔어요. 그나마 아메리카 대륙의 개척과 신기술 발달로 영국은 가까스로 경제적 위험에서 벗어날 수 있었지요. 그러고 나서 세계 역사에 큰 영향을 끼친 '산업 혁명'이 영국에서 일어났고요.

제1차 산업 혁명

18세기에 이르러 '제1차 산업 혁명'이라 불리는 새로운 기술 발전이 일어났지요. 이 때문에 세계 경제의 규모는 급속도로 커졌어요. 그 중심에는 산업 혁명이 최초로 일어난 영국이 있었어요.

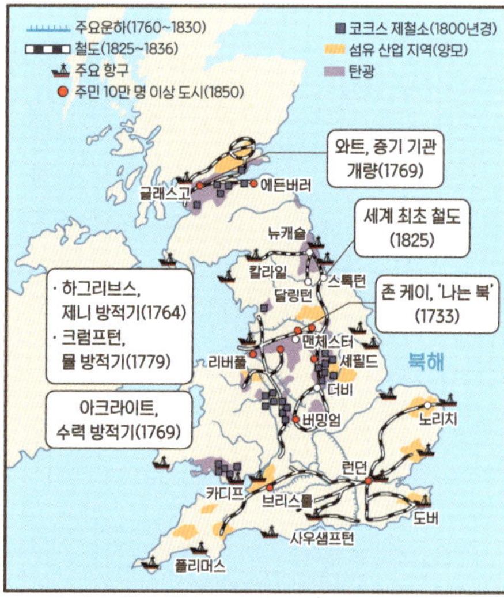

영국 내 산업 혁명의 전개를 나타낸 지도.

산업 혁명은 증기 기관에서 시작되었어요. 증기 기관이란 물을 끓여서 발생하는 수증기의 힘을 이용하는 장치예요. 펄펄 끓는 주전자의 주둥이에서 뿜어져 나오는 수증기를 생각해 보면 증기의 힘이 어떤 것인지 알 수 있을 거예요. 증기의 힘을 이용하려던 생각은 고대 이집트의 기록에도 나와 있어요. 하지만 1705년에 이르러서야 '토머스 뉴커먼'이 무거운 피스톤을 움직일 수 있는 실용적인 증기 기관을 개발했고, 1765년에 영국에서 '제임스 와트'가 증기 기관의 효율을 세 배 이상 증가시키는 데 성공했지요. 사람들은 증기 기관의 힘에 매료되어 그 힘을 활용할 방법을 연구했어요. 그리고 각 분야에서 증기 기관을 이용한 많은 기계가 발명되었고, 이 기계들이 사람이 하던 일을 대신하게 되었어요.

제임스 와트.

에스파냐 왕립 조폐국에서 사용한 제임스 와트의 증기 기관.

그러자 세상은 크게 변했어요. 그동안 노동자가 많이 필요했던 작업을 기계가 대신했고, 공장 주인은 같은 제품을 훨씬 싼 가격에 만들 수 있게 되었어요. 상황이 이러하니 공장 주인은 사람 대신 기계를 썼고, 공장의 노동자들은 일자리를 잃었지요. 갑자기 일자리는 줄고, 일하려는 노동자는 많아지자, 노동자가 일하는 환경은 어마어마하게 나빠졌어요. 일하고 그 대가로 받는 임금은 줄고, 일하는 시간은 말도 안 되게 늘어난 거예요. 더 싸게 쓸 수 있는 어린이를 고용하기도 하고요. 일하는 조건이 나빠져도, 여전히 일을 하려는 사람은 많았으니까요.

산업 혁명으로
사람들의 경제 생활 모습은
완전히 달라졌어.
수공업 생산
기계화 생산
농업
제조업
장시간 노동,
아동 노동
농촌에서 일자리 찾아 도시로 이동
상품 수량 증가,
상품 가격 하락
부르주아 지위 상승

상품을 많이 만들게 되자, 상품의 가격은 내려갔고, 근대 사회에서 자본가 계급에 속하는 '부르주아'의 지위가 올라갔어요.

곰곰 쌤의 잡학 사전
제1차 산업 혁명에서 제4차 산업 혁명까지

지금의 사회를 보통 '제4차 산업 혁명' 시대라고 해요. 제임스 와트가 개발한 증기 기관으로 공장을 기계화하여 생산이 늘어나게 된 18세기가 '제1차 산업 혁명'이었고, 전기 에너지를 사용해 헨리 포드의 컨베이어 벨트 방식으로 대량 생산을 하게 된 19세기에서 20세기 초를 '제2차 산업 혁명'시대라고 말해요. 이후 컴퓨터와 인터넷이 보급되며 지식 정보 사회로 바뀌게 된 20세기 후반의 '제3차 산업 혁명'을 거쳐, 인공 지능, 빅 데이터를 기반으로 한 정보 기술 사회로 바뀌는 지금을 '제4차 산업 혁명' 시대라고 부르지요.

새로운 산업 혁명이 일어날 때마다 세계 경제는 크게 바뀌었어요. 경제 규모는 급격히 커지고, 기존의 수많은 일자리 대신 새로운 일자리가 생겼어요. 그래서 그때마다 사람들의 삶도 크게 바뀌었답니다.

제1차 산업 혁명 18세기	제2차 산업 혁명 19~20세기 초	제3차 산업 혁명 20세기 후반	제4차 산업 혁명 21세기 초반~

증기 기관으로 기계화 혁명	전기 에너지로 대량 생산	컴퓨터와 인터넷으로 지식 정보 혁명	빅데이터, AI 등의 정보 기술의 초연결 혁명

2. 경제학의 아버지 애덤 스미스

경제학을 만든 철학자

애덤 스미스.

지금처럼 대학교에서 경제학이 하나의 학과가 된 것은 20세기에 들어서예요. 학문으로 경제학의 기틀을 잡은 사람은 바로 18세기의 철학자 '애덤 스미스'였지요.

애덤 스미스는 1723년에 스코틀랜드의 한 마을에서 태어났어요. 애덤 스미스의 아버지는 그가 태어나기 6개월 전쯤 돌아가셨어요. 네 살쯤에는 납치를 당하기도 했지요. 다행히 구출되어 어머니의 품으로 돌아올 수 있었지만요. 그렇게 불우한 어린 시절을 보냈지만, 어려서부터 총명했던 애덤 스미스는 열네 살에 글래스고 대학교에 입학했어요. 이때 그는 도덕의 근본 원리를 연구하는 철학인 '도덕 철학'을 공부했어요.

경제학 역사상 가장 대단한 학자가 왜 경제학을 공부하지 않았냐고요? 왜냐하면 18세기까지도 학교에는 경제학이라는 학문이 없었거든요. 애덤 스미스도 죽을 때까지 자신이 철학자라고 생각했다고 하고요.

애덤 스미스는 1740년에 영국의 옥스퍼드 대학교에 장학생으로 입학해요. 하지만 6년 만인 1746년에 옥스퍼드 대학을 자퇴하고 떠나요. 애덤 스미스의 재능을 아까워한 사람들의 도움으로 2년 뒤인 1748년에 에든버러 대학교에서 공개 강의를 했어요. 이 강의는 사람들에게 좋은 평가를 받았고, 애덤 스미스도 유명해졌지요. 애덤 스미스는 결국 3년 뒤 1751년에 글래스고 대학교의 논리학 강의를 맡게 돼요. 그다음 해에는 도덕 철학과 교수가 되고요.

글래스고 대학교.

데이비드 흄과의 우정과 《도덕 감정론》

애덤 스미스가 교수가 되기 1년 전인 1750년은 애덤 스미스에게 매우 뜻깊은 해였어요. 그해에 당시 영국에서 가장 유명한 철학자로 손꼽히던 데이비드 흄을 만났거든요. 이미 유명한 학자였던 데이비드 흄은 애덤 스미스와 열 살 넘게 나이 차이가 났지만, 서로의 생각과 사상이 아주 비슷해서 그런지 금방 친한 사이가 되었어요. 둘은 서로 좋은 영향을 많이 주고받았지요.

데이비드 흄.

그리고 1759년에 애덤 스미스는 평생 자랑스러워했던 책 《도덕

감정론》을 펴냈어요. 이 책은 당시 유럽 지식인들에게 큰 호평을 받았고, 유럽 곳곳에 애덤 스미스의 이름을 알렸어요.

중농주의자들과의 교류

'보스턴 차 사건'을 그린 그림.

1764년 애덤 스미스는 갑자기 교수직을 내려놓고, 버클루 공작의 장남 헨리 스콧의 개인 가정 교사가 되기로 했어요. 헨리 스콧은 찰스 톤젠드의 의붓아들로, 톤젠드는 뒤에 영국의 재무 장관이 되는 인물이에요. 톤젠드가 추진한 세금 정책 때문에 영국의 식민지였던 미국에서 '보스턴 차 사건'이 일어났지요.

가정 교사 일을 하기로 한 선택은 애덤 스미스의 인생은 물론 인류의 경제학 역사를 크게 바꾸어 놓았어요. 가정 교사 일은 학생과 함께 세계를 여행하며 다양한 경험과 가르침을 주는 것이었어요. 이 여행은 학생뿐 아니라, 애덤 스미스에게도 무척 중요한 경험이 되었어요. 특히 이 여행에서 애덤 스미스는 후에 그에게 큰 영향을 끼치는 유명한 인물을 여럿 만났는데, 그중에는 볼테르와 벤저민 프랭클린도 있었어요.

벤저민 프랭클린.

볼테르는 18세기 유럽 문학계 최고의 유명 인사였고, 벤저민 프랭클린은 '미국 건국의 아버지'라 불리는 역사적인 인물이지요. 특히 볼테르는 당시 유럽을 휩쓸었던 '계몽주의'를 대표하는 인물이었어요.

볼테르.

계몽주의는 기존의 미신 같은 비이성적인 것들을 깨뜨리고, 합리적이고 과학적인 이성적 사고를 할 수 있도록 사람들을 교육하자는 사상이에요. 즉, 계몽주의는 세상이 더 나아지도록 개혁하자는 사회적 운동이었지요.

이때의 유럽 강대국들은 국가가 직접 나서서 상업을 중심으로

계몽주의는 미신과 편견을 거부하고 이성과 경험을 바탕으로, 과학적이고 합리적 사고를 하자고 주장해. 종교의 자유 등 '모든 인간은 태어날 때부터 평등한 권리를 가지고 있다'는 평등을 주장하기도 하지.
계몽주의
평등
계몽주의는 당시의 중상주의 경제 정책을 비판하고, 중산층이 성장하는 데 기여했어.
중상주의는 유럽의 물건을 식민지에 팔고, 식민지의 금과 은을 약탈해서 유럽에 들여와 돈을 벌었어.
자본 주의
중산층
중상주의
원료 수입
완성품 수출
반면 중농주의는 농민이 부를 생산하기 때문에 식민지를 약탈할 필요가 없었지.
오! 중농주의가 내 취향인걸!
농민
식민지
애덤 스미스

중상주의가 절정에 달했던 1638년 프랑스 항구의 모습을 그린 그림.

나라를 발전시키는 '중상주의' 경제 정책을 펼치고 있었어요.

중상주의는 대항해 시대 때 많은 유럽 국가가 새로운 대륙에서 수많은 물건을 가져오면서 시작되었어요. 신대륙에 식민지를 만들어, 약탈하다시피 각종 물건을 들여오는 것으로 부를 쌓으며 국가 정책을 상업 위주로 하게 된 것을 말해요. 중상주의라는 말은 애덤 스미스가 부를 쌓는 데 열 올리는 국가들을 비판하면서 처음 사용한 말이에요. 국가가 이것저것 간섭하며 돈을 버는 것만 생각해서는 안 된다고 하면서요.

그에 반해 중농주의는 중상주의 정책을 비판하며 산업 혁명 때문에 감소한 농업 인구와 노동자의 인권 하락에 대한 대처 방안으로 나왔어요. 농업을 중심으로 산업을 발전시키고, 산업 혁명 이후 도시 빈민가로 내몰린 사람들을 농업 인구로 보호하자는 것이지요.

이때 애덤 스미스는 중상주의를 비판하는 계몽주의자들은 물론, 중농주의자들의 생각을 받아들이고 교류했으며, 특히 중농주의자들의 주장 중에서 국가가 지나치게 경제 활동에 간섭해서는 안 된다는 주장에 큰 영향을 받았어요. 이 교류로 훗날 애덤 스미스는 《국부론》이라는 책을 만들었어요.

경제학의 기틀을 마련한 《국부론》

2년의 가정 교사 생활이 끝나고 집으로 돌아온 애덤 스미스는 오랫동안 집필을 이어 나간 끝에, 1776년 《국부론》을 출판해요. 원래 제목은 훨씬 더 길지만, 사람들은 짧게 줄여서 '국부론'이라고 불렀지요. 《국부론》은 경제학이라는 학문의 기틀을 마련했고, 당시 사람들에게 어마어마한 충격을 주었어요.

《국부론》의 내용을 요약하면 다음과 같아요.

애덤 스미스는 사람들이 각자 자신의 부를 위해 최선을 다하는 것을 인간의 '이기심'이라고 했어요. 보통 우리가 부정적으로 사용하는 이기심과는 다른 의미예요. 평상시 쓰는 인간의 '이기심'은 우리가 '자기 이익만 생각하는 마음'을 가리킬 때 사용하는 말이지만, 애덤 스미스가 말하는 '이기심'은 '규율과 규범을 지키면서 자신의 이익을 추구하는 마음'이라는 의미예요.

돈을 벌기 위해 최선을 다하다 보면, 각자 자신이 잘하는 것에 집중해서 노력할 테고, 하나의 산업이나 일도 분야별로 나누어서 하게 될 것이라고 썼어요. 이것을 '분업'이라고 하는데, 애덤 스미스는 사람들이 각자의 이익을 위해 노력하다 보면 분업이 자연스럽게 이루어질 수밖에 없다고 말했어요. 이렇게 분업을 하면 훨씬

《국부론》 이 책에 나와. 보이지 않는 손!
이기심을 가지고
각자 분업!
규범을 지키면서 자신의 이익을 추구하는 마음인 '이기심'을 위해 각자 자신이 잘하는 것에 집중해서 노력하는 것을 '분업'이라고 말했어.
각자의 분업이 '보이지 않는 손'에 이끌려 의도하지 않았지만, 사회 전체의 목표를 달성한다고 말이야.
목표 달성
화폐
분업을 하면 각자 가진 것이 다르고, 그것들을 교환하기 위해 기준 가치인 '화폐'가 필요해져.

효율적으로 일이 진행되고, 이는 곧 사회 전체적으로 훨씬 더 많은 이익을 달성하게 된다고요.

AN INQUIRY INTO
THE NATURE AND CAUSES OF
THE WEALTH OF NATIONS
BY
ADAM SMITH

EDITED, WITH AN INTRODUCTION, NOTES, MARGINAL SUMMARY AND AN ENLARGED INDEX
BY
EDWIN CANNAN, M.A., LL.D.
PROFESSOR OF POLITICAL ECONOMY IN THE UNIVERSITY OF LONDON

VOLUME I

METHUEN & CO. LTD.
36 ESSEX STREET W.C.
LONDON
Third Edition

《국부론(국가의 부의 본질과 원인에 대한 연구)》.

이처럼 각자 자신의 이익만을 생각하더라도 '보이지 않는 손'에 이끌려 의도하지 않았지만, 사회 전체의 목표에 도움이 된다고요. 이때 쓰인 '보이지 않는 손'이라는 말은 아주 유명해져서 지금까지도 많이 쓰여요.

분업을 하면 각자 가진 것이 다르고, 그것들을 서로 교환하기 위해 기준이 되는 가치가 필요해져요. 이것을 해결해 주는 것이 바로 '화폐'예요. 지금이야 화폐를 이용하는 것을 당연하게 생각하지만, 애덤 스미스가 《국부론》을 발표하던 때만 해도 시골에서는 화폐를 전혀 사용하지 않았거든요.

곰곰 쌤의 잡학 사전 시간을 때우려고 쓴 책

애덤 스미스가 가정 교사로 여행을 하면서 친구에게 보낸 편지 내용 중에 "나는 요즘 시간을 때우려고 책을 한 권 쓰고 있다네."라고 쓴 부분이 있어요. 여기서 말한 책이 바로 《국부론》이지요. 이 말은 경제학 역사에서 가장 겸손한 말이라고 불린답니다.

보이는 손

《국부론》이 발표되자, 많은 사람이 애덤 스미스의 이론에 공감했어요. 그런데 어떤 사람들은 《국부론》의 내용 중에서 자기들 입맛에 맞는 부분만 인용해서 써먹곤 했어요. 애덤 스미스는 높아진 명성만큼이나 《국부론》의 내용을 왜곡해서 활용하는 사람들 때문에 스트레스를 받았지요.

대표적인 예로 '보이지 않는 손'을 들 수 있어요. 애덤 스미스는 국가가 경제에 최대한 관여하지 않고 법과 같은 규율만 유지되도록 해야 한다고 했어요. 경제의 움직임은 보이지 않는 손에 맡겨 두어야 한다고요. 여기서 말하는 보이지 않는 손은 특정 집단이나

단체가 자신들의 이익을 위해 물건의 가격을 조정하거나 유통을 마음대로 조절하는 등의 행동을 가리키는 게 아니에요. 오히려 이런 것은 '보이는 손'이라고 하고, 경제에 나쁜 영향을 끼치기 때문에 국가 차원에서 차단해야 한다고 했지요.

보이지 않는 손이란, 법과 규율 내에서 올바른 경제 활동을 할 때, 보이지 않는 경제 원리에 따라 물건의 가격이 가장 효율적으로 결정되고 유통되는 것을 말하는 것이에요. 그런데도 많은 사람이 애덤 스미스의 보이지 않는 손을 들먹이며, 국가는 기업의 경제 활동에 간섭하지 말라고 했지요.

곰곰 쌤의 잡학 사전 《도덕 감정론》의 저자 애덤 스미스

애덤 스미스는 《국부론》으로 더 유명하지만, 사람들이 자기들의 이익을 위해 《국부론》의 내용을 일부러 다르게 이용하거나, 제대로 이해하지 못하고 떠들어서 그런지, 애덤 스미스는 스스로 그전에 썼던 《도덕 감정론》을 더 높이 평가했어요. 애덤 스미스는 말년에 주변 사람들에게 자신이 죽고 나서 자신의 묘비명을 '《도덕 감정론》의 저자 애덤 스미스'로 해 달라고 했어요. 훗날 그가 죽자 사람들은 그의 부탁대로 묘비명을 써 주었지요. 다만, 아무리 생각해도 애덤 스미스에게서 《국부론》을 떼어 놓을 수는 없었기 때문에 결국 《국부론》을 덧붙였어요. 이렇게요.

'《도덕 감정론》과 《국부론》의 저자 애덤 스미스, 여기에 묻히다.'

왼쪽 내용의 묘비명이 쓰인 애덤 스미스의 무덤.

애덤 스미스의 미발표 저서

애덤 스미스는 다른 천재들과 마찬가지로 자신의 기준이 매우 높았어요. 그래서 실제로는 우리가 알고 있는 것보다 많은 글을 썼지만, 발표하지 않았어요. 왜냐하면 그의 생각에 발표할 정도의 글은 아니었거든요.

노년에 건강이 나빠진 애덤 스미스는 자신이 죽고 나면 발표하지 않은 글들을 꼭 없애 달라고 친구들에게 부탁했대요. 그러고는 죽기 며칠 전, 자기 눈앞에서 불태워 달라고 했고, 그때 그의 모든 미발표 저서들이 불타 없어졌어요. 이때 사라진 저서가 거의 스무 권도 넘는 분량이었다는데, 그의 업적과 명성을 생각하면 너무 아깝고 안타까운 일이지요.

3. 뛰어난 사업가 데이비드 리카도

천재 사업가 리카도

데이비드 리카도.

《국부론》이 출판되기 4년 전인 1772년 4월, 영국 런던에서 데이비드 리카도가 태어났어요. 증권업자였던 아버지 밑에서 유복하게 자란 데이비드 리카도는 한 여자와 사랑에 빠지면서 집을 나와요. 데이비드 리카도의 집안은 전통적인 유대인 집안이었는데, 데이비드 리카도가 사귀던 여인은 개신교 신자였거든요. 리카도는 결혼할 결심을 하면서 종교를 개신교로 바꿔요. 아버지는 아들의 이런 행동에 분노했고, 결국 갈등 끝에 서로 관계를 끊지요.

하지만 어려서부터 명석했던 데이비드 리카도는 열네 살 때부터 이미 아버지를 도와 증권업 일을 했고, 경험도 풍부했어요. 그래서 집을 나오고서도 돈을 버는 게 어렵지 않았어요. 오히려 아버지의 간섭 없이 증권업을 확장해 더 큰돈을 벌었지요.

데이비드 리카도

이십대에 큰 부자가 된 리카도는 다른 일에도 관심을 가졌어요. 그중 하나가 공부였는데, 그의 사업과 관계가 깊은 경제학과 정치학에 관심이 컸어요. 특히 데이비드 리카도가 스물일곱 살에 우연히 읽은 애덤 스미스의 《국부론》은 엄청난 충격이었지요. 《국부론》을 읽고 난 데이비드 리카도는 여러 경제학 자료를 찾아보며 공부했어요. 이때까지 경제학은 제대로 된 학문으로 대접받았던 게 아니었기 때문에, 여기저기 흩어진 자료를 찾으며 힘들게 연구했다고 해요.

사업가에서 학자로

1810년 데이비드 리카도는 《금의 높은 가격, 지폐 가치 하락의 증명》이라는 책을 펴내지요. 이 책이 그를 사업가가 아닌 학자로 알려지게 했어요. 1817년에는 《정치 경제학과 과세의 원리》를 발표했는데, 이 책이 데이비드 리카도의 대표작이에요.

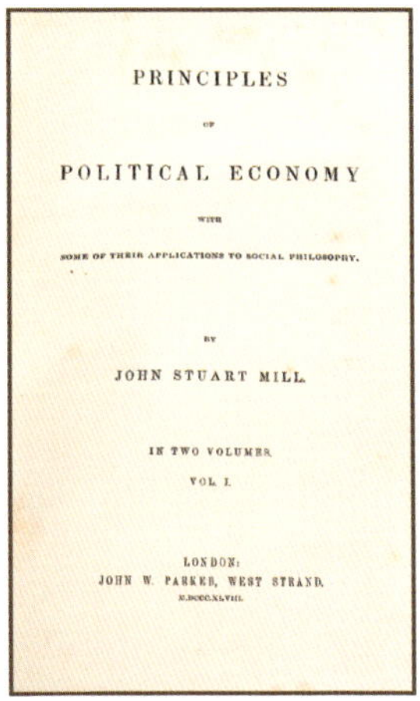
PRINCIPLES

OF

POLITICAL ECONOMY

WITH

SOME OF THEIR APPLICATIONS TO SOCIAL PHILOSOPHY.

BY

JOHN STUART MILL.

IN TWO VOLUMES.

VOL. I.

LONDON:

JOHN W. PARKER, WEST STRAND.

M.DCCC.XLVIII.

《정치 경제학과 과세의 원리》.

'차액 지대설', '노동 가치설', '비교 우위설' 등 경제학에서 중요한 이론들이 이 책에 나와요.

차액 지대설은 땅 임대료(지대)가 차이가 나면서(차액) 발생하는 경제 상황에 대한 이야기예요. 여

러 자본가들이 땅주인에게 토지를 빌려 농사를 짓는 경우를 예로 들어 볼게요. 자본가들이 빌리려는 토지는 서로 비옥도가 다르기 때문에 기름진 땅을 빌린 자본가는 많은 생산량을 얻을 것이고, 척박한 땅을 빌린 자본가는 적은 생산량을 얻겠지요. 자본가들은 당연히 비옥한 토지를 빌리려 할 테고, 비옥한 토지는 점점 임대료가 올라서 비싸져요. 그러면 비옥한 토지를 빌린 자본가는 많은 생산량을 얻더라도 비싸진 임대료 때문에 이익이 적게 남고, 결국 척박한 토지를 빌린 자본가와 비슷한 이익을 얻게 되지요. 여기서 땅주인만이 높은 임대료를 받아서 이익을 얻게 된다는 이론으로 자본가였던 리카도가 주장할 만한 이론이에요.

리카도는 노동자는 충분히 많고 얼마든지 공급할 수 있다고 생각했기 때문에, 별로 중요하게 여기지 않았어요. 앞서 말한 것처럼, 산업 혁명 당시에 노동자의 노동력은 넘쳐났으니까요. 노동력을 마음껏 얻을 수 있다고 생각했기 때문에, 자본으로 노동력을 얻

어 얼마나 생산에 투입하는지가 물건의 가격과 가치를 정하는 가장 중요한 요소라고 생각했어요. 이것이 리카도의 노동 가치설이에요

비교 우위설은 한 번에 두 가지 작업이 불가능할 때, 더 잘하는 것을 해야 한다는 이론이에요. 예를 들어 영국이 옷감을 두 개 생산하고 포도주를 세 개 생산하는데, 포르투갈은 옷감을 한 개 생산하고 포도주를 두 개 생산한다면, 영국이 포르투갈보다 두 종류 모두 생산량이 많아요. 이때 생산량이 적은 포르투갈이 두 종류 중 생산량이 많은 포도주를 영국에 수출하고, 영국은 옷감을 포르투갈에 수출하는 게 서로 더 이익이 된다는 것

이지요.

같은 상황일 때 두 종류 모두 생산량이 많은 영국이 옷감과 포도주를 모두 포르투갈에 수출하는 게 이익이라는 애덤 스미스의 '절대 우위설'과 다른 주장을 한 셈이에요.

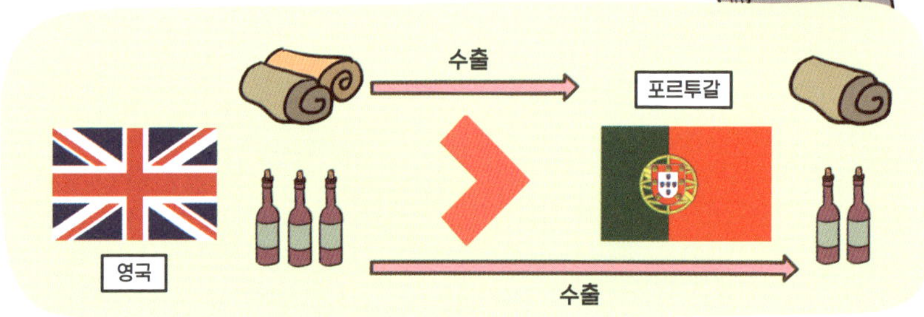

리카도의 차액 지대설은 이후 '한계 효용 이론'이 등장할 때까지 중요한 개념으로 사용되었어요.

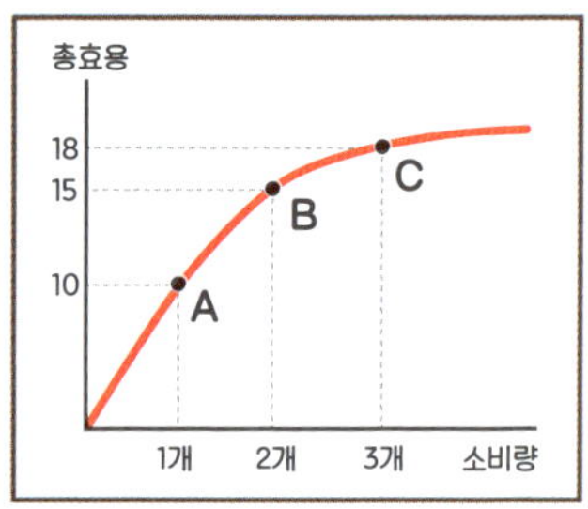

한계 효용 곡선.

뛰어난 사업가였던 데이비드 리카도는 자본가 계층인 부르주아 입장에서 노동자와 땅, 건물 같은 고정된 자본에 대해 냉정하고 객관적으로 분석했어요. 경제학의 새로운 개념을 만들었고, 이것들은 이후 존 스튜어트 밀과 카를 마르크스' 등 수많은 경제학자에게 영향을 끼쳤지요. 현대에는 학생들도 필수적으로 배우는 경제학의 기본 개념으로 자리 잡았답니다.

곰곰 쌤의 잡학 사전 한계 효용

'한계 효용'이란 똑같은 것을 계속 사용하면 점점 효용성, 즉 쓸모가 떨어지는 것을 말해요. 예를 들어, 피자를 좋아하는 사람이 피자를 사서 첫 조각을 먹으면 정말 맛있을 거예요. 하지만 계속 먹으면 점점 질리고, 나중에는 처음과 똑같은 한 조각이라고 해도, 별로 먹고 싶지 않게 되지요. 이처럼 객관적으로 처음과 똑같은 가치를 가졌는데도, 계속 같은 것을 소비하면 그 효과가 한계에 다다라 효용이 떨어지는 것을 한계 효용이라고 해요. 이 한계 효용 이론의 등장으로, 데이비드 리카도의 노동 가치설과 차액 지대설 이론에 대한 중요성이 많이 떨어졌어요. 한계 효용 이론을 적용하면, 노동력을 투입할수록 그 가치가 점점 떨어지게 되니까요.

데이비드 리카도는 51세에 중이염을 앓았어요. 지금 중이염은 많은 사람이 걸리는 흔한 병으로, 이비인후과에 가면 쉽게 치료할 수 있지만, 그가 살던 시대에는 쉽게 치료할 수 있는 병이 아니었지요. 데이비드 리카도는 결국 염증이 뇌까지 번지는 바람에 비교적 젊은 나이에 세상을 떠났어요.

III

19세기 초

존 스튜어트 밀과 카를 마르크스

19세기 경제학자를 이야기할 때면
존 스튜어트 밀과 카를 마르크스를 꼽아요.
두 사람은 서로 다른 경제 이론을 세웠고,
이룩하고자 했던 것도 달랐어요.
존 스튜어트 밀이 노동자와 여성의 권리를 위해 힘쓴 반면,
카를 마르크스는 노동자의 나라를 꿈꿨지요.

1. 19세기 초반의 유럽

프랑스 대혁명

존 스튜어트 밀은 19세기가 막 시작된 1806년에 영국에서 태어났어요. 그가 태어나던 무렵의 영국은, 유럽 전체를 휩쓴 전쟁과 난리에 힘겹게 대처하고 있었지요. 바로 나폴레옹의 프랑스와 그에 대적하는 다른 유럽 국가들과의 전쟁 말이에요. 당시 프랑스는 지배 계층과 피지배 계층의 빈부 격차가 엄청났어요. 지배 계층은 매일 흥청망청했지만, 피지배 계층은 당장 그날 먹을 것을 걱정할 정도였지요. 프랑스의 피지배 계층 사람들은 새로운 나라를 만들기 위해 힘을 모아 다 같이 한꺼번에 일어나 싸웠어요. 이것을 '프랑스 대혁명'이라고 불러요.

곰곰 쌤의 잡학 사전 헷갈리는 프랑스의 혁명

프랑스는 혁명이 여러 번 일어난 나라예요. 우리에겐 프랑스 대혁명이 익숙하지만, 예술 작품의 소재가 된 혁명이 모두 프랑스 대혁명은 아니랍니다. 대표적으로 깃발을 들고 있는 여인의 그림으로 유명한 외젠 들라크루아의 〈민중을 이끄는 자유의 여신〉은 프랑스 대혁명이 아닌 1830년 7월 혁명을 그린 그림이고요, 장발장이 주인공으로 나오는 《레 미제라블》의 배경이 되는 혁명은 1832년의 6월 혁명이에요.

들라크루아의 그림 〈민중을 이끄는 자유의 여신〉.

1789년 일어난 프랑스 대혁명으로 당시 프랑스의 왕이었던 루이 16세는 사형에 처해지는데, 이것을 본 다른 유럽 국가의 지배 계층은 깜짝 놀랐어요. 자기 나라에서도 혁명이 일어나면 어떡하나 하고 걱정했지요. 그래서 사람들 앞에서는 "프랑스가 잘못해서 그렇다, 프랑스가 나쁘다"고 말하면서 뒤로는 병력을 동원해 강제로 프랑스의 왕권을 회복시키려고 했어요.

이때 프랑스에 전쟁 영웅이 나타났어요. 바로 나폴레옹 보나파르트이지요. 그는 명문가 출신에, 당시 엘리트 코스라고 불리던 사관 학교를 졸업했지만, 아버지의 사망으로 집안이 어려워지면서 불행한 청소년기를 보냈어요. 특히 키가 작고 왜소한 체격 조건 때문에, 사관 학교를 다니는 동안 괴롭힘을 당했죠. 하지만 나폴레옹은 그 모든 걸 이겨 내고 다른 유럽 국가와의 전투에서 그의 능력을 유감없이 보여 줬어요. 가는 곳마다 전쟁에서 승리했고, 프랑스를 적으로 대하는 유럽 국가들을 굴복시켰어요. 프랑스군이 지나간 곳마다 프랑스 대혁명에서 부르짖은 '자유'와 '평등'이 '자유주의'가 되어 유럽 곳곳으로 퍼져 나갔어요. 프랑스를 승리로 이끈 전쟁 영웅 나폴레옹의 인기는 하늘을 찌를 듯했지요. 마침내 프랑스 국민들의 압도적인 지지로 1804년 황제에 올랐어요.

나폴레옹 보나파르트.

곰곰 쌤의 잡학 사전 두 얼굴의 프랑스

지배 계층의 박해에 대항해 혁명을 일으킨 프랑스이지만, 식민지였던 아이티의 혁명에 대해서는 전혀 반대의 모습을 보여 줬어요. 아이티 사람들이 노예의 해방과 인권을 위해 목소리를 높이자, 프랑스는 이를 묵살하고 잔인하게 탄압했거든요. 아이티의 사람들은 프랑스의 탄압을 이겨 내고 전 세계에서 유일하게 노예 혁명을 성공했어요. 하지만 프랑스에서 요구한 어마어마한 보상금 폭탄에 허덕이다가 결국 약소 국가로 몰락하고 말지요.

대륙 봉쇄령

당시 유럽의 거의 모든 나라가 사실상 나폴레옹의 통치를 받았지만, 영국과 러시아만은 나폴레옹의 손에서 벗어나 있었어요. 러시아는 너무나 추운 땅이었기 때문에 프랑스군이 러시아까지 가지 못했고, 영국은 바다가 가로막고 있어서 건너가지 못했거든요. 특히 영국은 아메리카 대륙에 식민지가 많았고, 세계 최강의 해군을 보유하고 있었지요. 프랑스도 부랴부랴 해군력을 키우려고 했지만, 이미 바다는 영국의 차지였어요. 결국 1805년 트라팔가르 해전에서 크게 패한 프랑스는 영국에 대항해서 해군을 키우는 것을 포기하고 다른 방법을 쓰기로 했어요. 그 방법은 바로 모든 유럽 대륙 국가에게 영국과 무역을 금지하는 '대륙 봉쇄령'이었지요. 이 일은 영국을 압박하기 위함이었지만, 영국은 아메리카 대륙의

나폴레옹은
정복하지 못한 영국과
러시아를 굴복시키려다
1805년 트라팔가르
해전에서 패배해.
나폴레옹의 대륙 봉쇄령은
부메랑처럼 나폴레옹에게
돌아왔어.
영국
러시아
패배.
승리!
지금부터 영국이랑
무역하지 마!
영국
프랑스
에스
파냐
대륙 봉쇄령
식민지와 무역
식민지
야, 우리
힘들어.
이제 그만해.
결국 나폴레옹이
굴복하지.

식민지와 무역이 가능했기 때문에 괜찮았어요. 그렇지만 다른 유럽 국가들은 무척이나 힘들었어요. 유럽의 많은 나라가 나폴레옹의 조치에 불만을 가졌고, 결국 나폴레옹이 무너지는 원인이 되었지요.

유럽을 휩쓴 자유주의

비록 혁명은 무너지고 프랑스는 다시 왕이 다스리는 왕정으로 돌아갔지만, 나폴레옹이 이끈 프랑스 혁명군이 유럽 곳곳에 퍼트린 자유주의는 각지의 민중들에게 스며들었어요. 결국 프랑스의 왕정은 그 뒤 이어진 여러 차례의 혁명을 버티지 못하고 무너졌어요. 그건 프랑스만이 아니었어요. 유럽 각국의 민중들은 프랑스를 보고, 왕이 더 이상 신성한 존재가 아니라는 걸 깨달았어요. 귀족 역시 하늘과 신이 점지해 준 특별한 존재가 아니라는 것도요. 결국 유럽 곳곳은 민중의 격렬한 의지를 견디지 못하고 하나둘 국민이 뽑은 대표나 대표 기관의 의사에 따라 주권이 행사되는 정치 체제인 '공화정' 또는 군주가 헌법에서 정한 제한된 권력을 가지고 다스리는 정치 체제인 '입헌 군주제'로 바뀌게 되지요.

2. 노동자와 여성의 권리를 위해 힘쓴 존 스튜어트 밀

영국 식민지 수탈의 상징, 동인도 회사

존 스튜어트 밀이 태어난 1806년은 바로 대륙 봉쇄령이 내려진 해였어요. 그는 어려서부터 천재로 소문이 자자했어요. 유럽에서 라틴어 다음으로 어렵다고 하는 그리스어를 세 살 때부터 공부했고, 다섯 살 때는 고대 그리스 작품을 읽을 수 있을 정도였다고 하니까요. 문학과 철학뿐 아니라 수학과 과학에도 재능을 보였고, 열 살에는 책을 쓰기도 했어요. 열여섯 살에는 당시 아버지와 친분이 있던 데이비드 리카도와 토론을 벌일 정도였다고 하니 말 다 했죠. 심지어 데이비드 리카도는 어린 존과 토론을 하려고 일부러 존의 집에 방문했다고 해요. 존 스튜어트 밀은 논문도 쓰고, 글을 써서 신문에 싣기도 하는 등 열정적으로 어린 시절을 보냈어요.

하지만 그에게도 시련이 닥쳤어요. 존 스튜어트 밀이 열일곱 살이 되던 해였어요. 그를 뒷받침해 주고 지지하던 아버지가 결핵에 걸렸거든요. 당시에는 결핵 치료제가 없었기 때문에 결핵에 걸리면 죽을 수밖에 없었어요. 아버지는 집안의 장남이었던 존이 자신이 죽기 전에 직장을 얻기를 바랐어요.

런던에 있던 영국 동인도 회사의 본사.

당시 영국에는 '영국 동인도 회사'라는 곳이 있었는데, 이 회사는 전 세계에 있는 영국 식민지 중 아시아 쪽 나라를 관리했어요. 겉으로 보기에는 무역 회사였지만, 사실은 식민지를 다스리기 위해 만든 총독부 같은 곳이었지요. 존 스튜어트 밀의 아버지는 존이 이 회사에 들어갔으면 했고, 그는 어린 나이였음에도 이곳에 취직했어요.

영국 동인도 회사가 문을 닫을 때까지 존 스튜어트 밀은 이곳에서 일했지요. 당시 동인도 회사에 다니던 영국인의 근무 시간이 여섯 시간이었는데, 그는 근무 시간의 절반이 넘는 시간을 자신의 연구와 공부에 쓸 수 있었다고 해요.

존 스튜어트 밀은 10대 후반에서 20대 초반까지 감정적으로 어려운 시기를 보냈다고 해요. 천재였던 그는 10대 중반에 자신이 배울 수 있는 학문을 모두 배워서 더는 배울 게 없다고 생각했거든요. 다행히 문학 작품들을 읽으며 감정적인 회복을 할 수 있었고, 스물 넷이 되던 해에는 열정적인 사랑에 빠져 버렸지요!

사랑 때문에 바뀐 세상에 대한 생각

존 스튜어트 밀.

스물네 살이 된 존 스튜어트 밀은 우연히 만난 해리엇이라는 여성에게 푹 빠져 버렸어요. 예술과 학문에 심취해 있던 존은 예술에 조예가 깊은 해리엇에게 호감을 가졌어요. 해리엇 역시 자신을 존중해 주는 그에게 호감을 느꼈고요. 당시에는 여성의 인권이 별로 높지 않았던 때라, 여자가 예술과 학문에 대해 이야기하는 것 자체를 무시하고 싫어하는 사람이 많았거든요. 둘의 사랑에서 가장 심각한 문제는 해리엇에게 이미 남편이 있었다는 점이었어요! 당시 해리엇은 남편인 테일러와 사이가 안 좋아서 아이들을 데리고 남편과 따로 살고 있었어요. 그러나 남편 테일러가 이혼에 동의하지 않아, 여전히 해리엇은 법적으로 테일러의 아내였어요.

당연히 존의 주변 사람들은 둘의 사랑을 모두 반대했고, 특히 존의 어머니가 격렬하게 반대했어요. 존 스튜어트 밀은 사랑을 위해 주변 사람과의 관계를 끊었지요. 두 사람은 결혼할 수 없었지만요.

해리엇 테일러.

존은 해리엇을 이해하고 공감하는 친구이자 가까운 이웃으로 20년 넘게 해리엇 곁에 있었어요. 그녀의 남편이 병으로 죽고 난 후에야 해리엇과 결혼할 수 있었지요.

이때 존 스튜어트 밀은 해리엇과 함께하면서 자신이 직접 부딪치고 겪은 여성의 인권에 대해 많은 생각을 했고, 거기에서 발전해 자유주의에 대해서도 깊은 생각을 하게 되었지요.

사회의 약자는 국가가 도와야 한다

존 스튜어트 밀은 애덤 스미스의 주장에 많은 문제점이 있다고 생각했어요. 특히 국가 권력의 간섭을 최소로 하고 사유 재산과 기업의 행동을 자유에 맡기는 '자유방임주의'는 옳지 않다고 여겼지요. 해리엇과 그녀의 아이들의 삶을 보면서 '사회의 약자를 국가가 도와야 한다'고 생각했거든요. 그래서 애덤 스미스의 고전적인 경제학에, 국가가 경제에 간섭하는 '사회주의적인 부분이 일부 도입되어야 한다'고 주장했어요. 그의 이런 생각은 현

대 자본주의 경제의 토대가 되었어요.

지금의 선진국은 단순히 자유롭고 정당하게 경제 활동을 하도록 두지 않고, 사회적 약자를 돕거나 경제적 불균형을 해결하는 문제에는 국가가 간섭하여 해결하려고 노력해요. 이것을 처음으로 주장한 사람이 바로 존 스튜어트 밀이었지요.

그는 이런 내용을 담은 책을 1848년에 냈어요. 바로 《정치 경제학 원리》라는 책이에요. 존 스튜어트 밀은 이 책으로 경제학자로서 엄청난 명성을 얻었어요. 이 책은 20세기 초까지 수십 년 동안 옥스퍼드 대학을 비롯한 많은 대학에서 교재로 사용되었을 만큼 경제학에서 아주 뛰어난 책으로 평가받고 있어요.

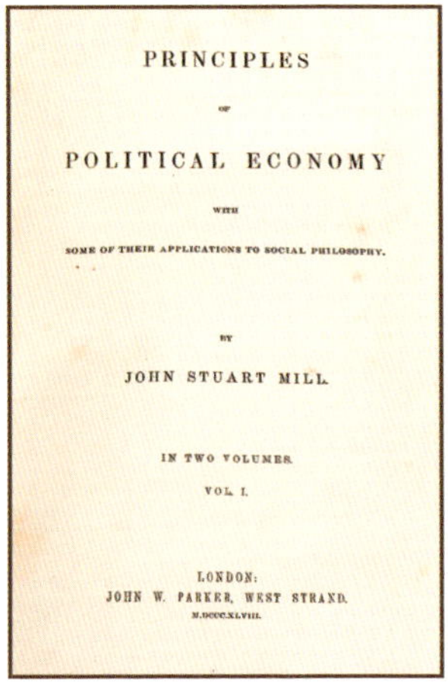
PRINCIPLES
OF
POLITICAL ECONOMY
WITH
SOME OF THEIR APPLICATIONS TO SOCIAL PHILOSOPHY.
BY
JOHN STUART MILL.
IN TWO VOLUMES.
VOL. I.
LONDON:
JOHN W. PARKER, WEST STRAND.
M.DCCC.XLVIII.

《정치 경제학 원리》.

노동자와 여성의 권리를 위해

1858년 영국 동인도 회사가 없어진 해에, 존에게 큰 불행이 닥쳤어요. 오랜 기다림 끝에 결혼한 해리엇이, 결혼한 지 7년 만에 병으로 운명을 달리했거든요. 아내를 잃은 존은 은퇴를 결심하고, 고향으로 돌아가 조용히 연구하고 공부하며 삶을 마무리 지으려 했어요. 하지만 워낙 유명한 경제학자인 데다가 인성까지 훌륭하다고 소문난 그였기에 사람들은 하원 의원이 되어 달라 부탁했어요. 우리나라로 치면, 국회 의원이 되어 달라고 주민들이 부탁한 것과 같아요. 정작 그 사람은 국회 의원을 하겠다고 선거에 입후보도 하지 않았는데도요.

그때 존 스튜어트 밀은 사람들에게 이렇게 말했다고 해요.

"저는 개인적으로 하원 의원이 되거나 정치를 하고 싶은 마음이 없습니다. 하지만 만약 후보자가 된다고 해도 선거 운동을 하거나 선거 자금을 마련하지 않을 것입니다. 그건 공정하거나 옳은 일이 아니니까요. 제가 당선된다고 해도 단순히 우리 지역만을 위해서 일하지 않을 것입니다. 의원이란, 공익을 위해서 일해야 하는 자리이니까요. 여성과 노동자들의 권리를 위해 노력해야 한다는 주장도 계속할 것입니다. 여성에게도 투표 등 정치에 참여할 수 있는 권리인 '참정권'을 줘야 한다는 주장 역시 계속할 것이고요."

당시 존 스튜어트 밀의 주장을 들은 전문가들은 "신이라도 이러면 당선될 수 없다"고 말했다고 해요. 하지만 놀랍게도 존은 하원 의원으로 당선되었지요. 그는 자신이 말한 대로 하원 의원 재임 기간인 삼 년 동안 노동자와 여성의 권리를 위해 노력했어요. 또 그의 지역만이 아니라 사회 전체를 위한 정책을 만들고 추진했지요.

존 스튜어트 밀의 이런 모습을 싫어하는 사람도 많았어요. 우

선생님, 하원 의원이 되어 주세요.
출마하신다면 꼭 찍겠습니다.
저는 우리 지역만 위해서 일하지 않을 것입니다. 모든 여성과 노동자들의 권리를 위해 노력할 거예요.
저렇게 말하면 신이라도 당선 될 수 없다고.
당선

여성 참정권을 주장하는 존 스튜어트 밀을 풍자해서 그린 그림.

리 지역만을 위해 일해 주길 바라고, 여자나 사회적 약자들보다 자기들을 위해 일해 주길 바라는 사람도 많았거든요. 결국 존은 다음 선거에서 떨어졌고, 그는 미련 없이 정치계를 떠났어요. 처음부터 정치를 하고픈 마음이 없었으니까요.

존은 아내 해리엇이 묻힌 아비뇽으로 돌아가 자서전을 집필하면서 삶의 여유를 누리다, 1873년 그의 자서전이 완성된 해에 세상을 떠났어요.

3. 노동자의 나라를 꿈꾼 카를 마르크스

행동하는 철학자

1818년 지금은 도이칠란트라고 불리는, 프로이센에서 카를 하인리히 마르크스가 태어났어요. 그의 아버지는 유대인이었지만, 당시 유럽은 유대인을 차별했기 때문에 개신교인 루터교로 개종했어요. 종교를 바꿀 만큼 카를의 아버지는 유대인이라는 것에 미련이 없었다고 해요. 카를 마르크스의 아버지는 인정받는 변호사였고 꽤 잘살았어요.

베를린 대학교.

카를 마르크스는 학교를 다니면서 수학과 언어학 쪽에서 재능을 인정받았어요. 그는 아버지의 바람대로 베를린 대학교 법학과에 진학했는데, 대학교에서 전공인 법학 말고도 철학에 큰 관심을 보였어요. 카를 마르크스가 스무 살 때인 1838년에 아버지가 돌아가시자, 법학은 아예 포기하고 철학에 몰두했어요. 이때부터 카를은 조금씩 과격한 활동을 시작했어요. 제멋대로인 성격에 자신이 옳다고 믿고 행동하는 성향이 강해 그 누구도 카를을 말릴 수 없었지요.

청년 시절의 카를 마르크스.

원래 카를 마르크스는 대학교 스승의 뒤를 이어 대학 교수가 되려는 꿈을 가지고 있었어요. 하지만 헤겔의 제자였던 그의 스승이 학교에서 쫓겨나면서 카를은 교수의 꿈을 접을 수밖에 없었지요. 당시 프로이센을 비롯한 대부분의 국가는 자유주의를 위험한 사상이라고 생각했고, 가능하면 자유주의를 받아들이지 않으려 했거든요. 결국 카를 마르크스는 학위마저 다른 대학에서 받아야 했어요. 베를린 대학교는 당시 프로이센 최고의 대학 중 하나였던 만큼, 프로이센 정부가 크게 신경 쓰고 있었기 때문이에요.

그 뒤 카를은 1842년 '라인'이라는 지방의 지역 신문사이자, 자유주의 성향의 〈라인 신문〉에서 일했어요. 그곳에서 여러 글을 기고하고 기사를 쓰다가 편집장까지 하게 되었지요. 카를 마르크스는 말주변이 대단히 좋았다고 해요. 그래서 다른 사람들을 설득하거나 자신의 주장을 펼치는 걸 잘했대요. 물론 기자로서 기사와 글을 쓰는 것도 잘했을 테니 편집장까지 될 수 있었겠지요.

편집장이 된 카를 마르크스는 기자였을 때보다 더욱 과격한 기사를 썼어요. 당시 프로이센은 중세 유럽의 주종 관계를 기본으로 한 봉건 체제였는데, 이에 대항해 자유주의를 원하는 사람이 많았어요. 양쪽 세력의 갈등과 대립도 심했고요. 사회 계급에 따른 차별에 불만이 많은 사람들이 자유주의를 외쳤으니까요.

카를 마르크스는 자유주의를 지지하고 봉건 체제를 비판했어요. 러시아를 강하게 비판한 기사를 실었을 때에는 러시아의 강력한 항의를 받았지요. 그렇지 않아도 〈라인 신문〉이 마음에 들지 않았던 프로이센 정부는 1843년에 러시아의 항의를 구실 삼아 〈라인 신문〉을 폐간시켰어요. 〈라인 신문〉에서의 경험은 카를 마르크스의 인생에 큰 영향을 끼쳤지요.

곰곰 쌤의 잡학 사전 서양의 봉건 체제

서양의 봉건 제도 또는 봉건 체제는 철저한 계급 사회 속의 계약 체계로, 왕과 영주, 영주와 기사 사이의 계약 관계를 바탕으로 해요. 왕은 영주에게 영지에서의 독립적인 권리를 인정해 주는 대신 충성(주로 세금과 전쟁 시 병력)을 받고, 영주 역시 기사에게 저택과 그에 딸린 땅을 주고 충성(역시 세금과 기사의 무력)을 받는 것이지요. 평민은 영주의 보호를 받고 충성(세금과 노동력)을 바치고요.

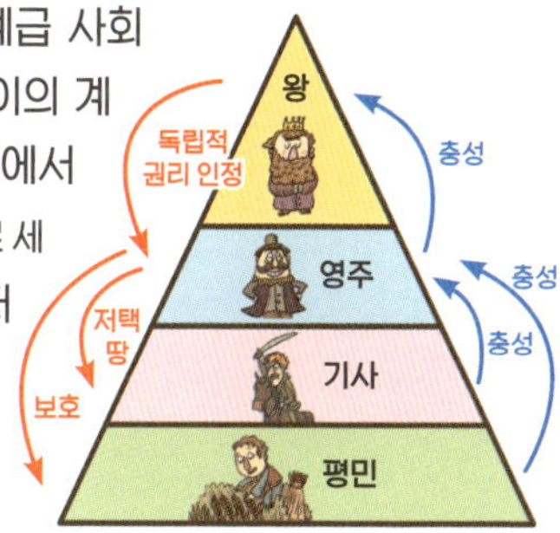

평생의 후원자 프리드리히 엥겔스

〈라인 신문〉의 편집장으로 지내면서 카를 마르크스는 열정만 넘치던 대학생에서 노련한 정치 평론가가 되었으며, 평생 그를 지지하고 후원한 동료 프리드리히 엥겔스를 만났어요. 프리드리히

인쇄되어 나오는 〈라인 신문〉을 보는 마르크스와 엥겔스 그림.

엥겔스 역시 프로이센 태생이었고, 잘사는 집안의 아들이었어요. 그는 자라면서 자유주의를 접했고, 카를 마르크스와 비슷한 경험을 하면서 과격한 활동가가 되었어요. 그렇게 둘은 가장 가까운 사이가 되었지요.

〈라인 신문〉이 폐간되고 나서 둘은 잠깐 각자 활동을 했어요. 이 시기에 카를 마르크스는 7년 동안 사귄 부유한 귀족 출신의 예니 폰 베스트팔렌과 결혼했어요. 당시 예니의 부모님은 카를 마르크스와의 결혼을 심하게 반대했지요. 봉건 제도를 격렬하게 비판하는 사람이 바로 카를 마르크스였으니, 봉건 체제의 지배층이었던 그들이 반대하는 건 당연했어요. 게다가 카를은 아버지가 돌아가신 후 아버지의 유산을 마음대로 써 버린 탓에 집안의 경제 사정마저 나빴거든요. 그렇지만 부모의 반대에도 둘은 1843년 6월에 결혼했고, 점점 심해지는 프로이센 정부의 압박을 피해 10월에는 프랑스 파리로 망명했어요.

예니 폰 베스트팔렌.

마르크스와 엥겔스의 《공산당 선언》

파리에 와서도 카를 마르크스는 열정적으로 활동했어요. 특히 피지배 계층과 자유주의자들의 불만이 엄청나게 높아진 상태였기 때문에 금방이라도 혁명이 일어날 것이라고 생각해 혁명을 착착 준비했어요. 피지배 계층과 자유주의자들의 불만이 높아진 이유 가운데 하나가 경제적인 문제였어요. 그래서 카를 마르크스는 경제학에 대해서도 공부했어요. 그러면서 자유주의 사상가였던 그가 조금씩 공산주의 사상가로 바뀌었지요.

시간이 흘러 1848년 2월, 카를 마르크스는 그 유명한《공산당 선언》을 발표했어요. 이 책은 그의 후원자이자 동료인 프리드리히 엥겔스와 함께 집필한 책이에요. 책에는 자본주의의 문제점과 그 문제점 때문에 노동자(프롤레타리아) 혁명이 반드시 일어날 수밖에 없다는 내용을 담고 있어요.

《공산당 선언》 독일어 초판본.

책 속의 많은 문장이 지금까지도 인용되거나 언급되고 있어요. 특히 '프롤레타리아(노동자 계급)'와 '부르주아(자본가 계급)'라는 단어는 이 책을 통해 전 세계로 널리 알려졌지요.

카를의 호소력 짙은 글 때문이었는지는 몰라도, 1848년 유럽 각국에서 혁명이 계속해서 일어났어요. 1848년 한 해 동안 유럽의 거의 모든 국가에서 혁명이 일어났는데, 심지어 교황령에서도 혁명이 일어났어요. 영국령 아일랜드에서도 혁명이 일어났는데, 혁명이 일어나지 않은 국가는 잉글랜드와 러시아 제국뿐이었지요. 그만큼 유럽 전체 노동자들의 불만이 극에 달해 있었던 거예요.

수많은 노동자와 하층민이 자본가와 상류층을 지탱하는 모습을 그려 자본주의를 비판한 그림.

프롤레타리아 혁명

카를 마르크스와 프리드리히 엥겔스는 무척이나 흥분했어요.

그들이 예상한 대로 온 유럽에서 프롤레타리아 혁명이 일어났으니까요. 카를은 그동안 제대로 된 직장을 구하지 못하고, 돈을 아껴 쓰지도 않았고, 아버지가 남긴 재산마저도 몽땅 써 버렸어요. 그나마 남은 재산도 각국의 혁명을 지원하는 데 사용했지요.

왼쪽부터 1848년 프랑스, 독일, 오스트리아 혁명을 그린 그림.

그런데 혁명 이후의 일은 카를과 프리드리히의 예상과 전혀 달랐어요. 대부분의 혁명이 순식간에 진압되었거든요. 혁명은 한두 달을 넘기지 못했고, 길어야 여섯 달이 한계였어요. 모든 혁명이 실패로 끝난 데에는 여러 이유가 있었지만, 가장 큰 이유는 부르주아와 프롤레타리아 계급의 분열이었지요.

처음 혁명이 일어났을 때 유럽의 왕 대부분은 겁에 질려 서둘러 왕위에서 물러났어요. 프랑스 같은 경우는 순식간에 왕정이 사라지고 공화정이 들어섰으니까요. 하지만 프랑스 대혁명 때와 달리, 프롤레타리아 계급은 더 이상 부르주아의 뜻에 따라 움직이지 않았어요. 프롤레타리아는 자신들의 권리를 요구했고, 부르주아는 그것을 들어주고 싶지 않았기 때문에 무력으로 진압했어요.

프랑스 다음으로 격렬하게 혁명을 일으켰던 프로이센의 경우,

부르주아 계급이 혁명을 포기하고 왕정의 편에 섰어요. 프롤레타리아 계급의 요구를 들어주고 얻는 이익보다, 왕정의 말에 따랐을 때 얻는 이익이 더 크다고 판단한 것이지요.

카를 마르크스.

카를 마르크스와 프리드리히 엥겔스는 이런 흐름에 크게 실망했어요. 하지만 포기하지 않았어요. 각국의 혁명은 그 뒤로도 계속 일어났거든요. 둘은 조국인 프로이센으로 돌아와 〈신라인 신문〉을 발간해서 현재 정부의 부당한 탄압과 부정을 고발하며 혁명을 지지했어요. 물론 프로이센 정부에서 가만히 있지 않았고, 결국 두 사람은 신문사를 폐간당하고 추방됐어요.

카를은 다시 프랑스 파리로 갔어요. 파리에서 새롭게 혁명을 일으킬 생각이었거든요. 하지만 이 혁명 역시 강제 진압당했고 프랑스에서도 추방되었지요. 카를은 가족과 헤어져 홀로 영국으로 갔어요. 시간이 지나 간신히 가족들을 영국으로 불러들였지만, 그의 가족은 경제적으로 매우 어려워졌어요. 카를은 여섯 명의 자녀가 있었는데, 그중 세 명이 이때 병으로 세상을 떠나기까지 했지요. 그 때문에 카를과 아내 예니의 사이는 극도로 나빠졌어요.

때마침 카를 마르크스의 동료이자 후원자인 프리드리히 엥겔스가 영국으로 찾아왔어요. 엥겔스의 노력으로 카를은 사람들의 도움을 받을 수 있었지요.

고전파 경제학을 비판한 《자본론》

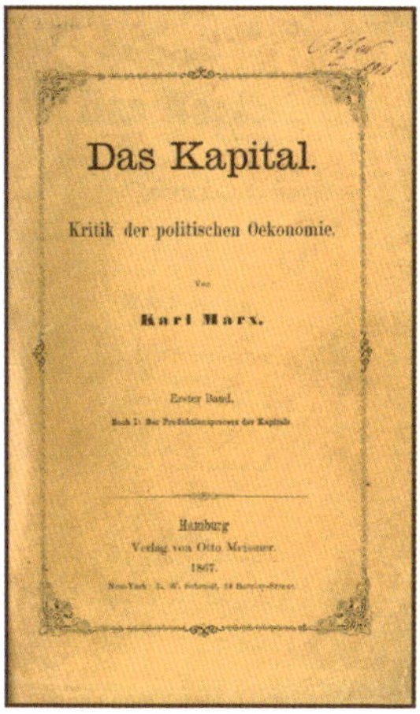

《자본론》 제1권.

간신히 안정적인 환경을 되찾은 카를 마르크스는 프리드리히 엥겔스와 함께 혁명 실패의 원인을 분석했어요. 카를은 그 이유 중 하나로 경제적인 부분을 꼽았어요. 그는 애덤 스미스로부터 시작해 데이비드 리카도와 존 스튜어트 밀로 이어지는 경제학을 깊이 있게 연구했지요. 이 초기 경제학의 흐름을 지금은 '고전파 경제학'이라고 부르는데, 카를은 고전파 경제학을 연구해서 1848년 혁명의 실패 원인을 분석하고 보완하려고 했어요. 그 결과 기존 고전파 경제학의 문제점을 명확하게 밝혀냈고요.

그렇게 포기하지 않고 연구하고 노력한 끝에 도달한 결론을 세상에 책으로 펴냈지요. 그게 바로 《자본론》이에요. 특이한 것은 《공산당 선언》도 《자본론》도 모두 영국 런던에서 발간했지만, 둘 다 독일어로 쓰여졌다는 것이지요.

《자본론》은 1999년 영국 공영 방송 BBC에서 '지난 1000년 동안 가장 영향력이 큰 책' 설문 조사에서 1위를 할 정도로, 세상에 큰 영향을 끼친 경제학 책이에요. 유네스코에서 '세계 기록 유산'으로 지정할 정도로 기념비적인 저서이기도 하지요. 앞에서 말한 '고전파 경제학'이라는 말도 《자본론》 출간 이후 붙여진 말이니, 《자본론》의 영향력을 짐작할 수 있지요?

카를 마르크스는 그동안 고전파 경제학이 자본과 상품, 가치에 집중했던 것에서 벗어나, 《자본론》에서는 노동자의 노동 가치에 중점을 두고 설명했어요. 《자본론》이 기존의 고전파 경제학을 비판하기 위해 쓰인 책인 만큼, 책 속에서 기존의 경제학 저서를 많이 거론했어요. 특히 애덤 스미스의 《국부론》에 대한 이야기가 많아요. 카를은 《자본론》을 쓰기 위해 《국부론》을 적어도 수백 번 읽었다고 말할 정도였으니까요.

곰곰 쌤의 잡학 사전 1848년 혁명의 결과

1848년 혁명은 모두 실패했지만, 그렇다고 모든 것이 무의미한 것은 아니었어요. 사람들은 더 이상 정부의 탄압과 폭정을 묵묵히 견디지 않았어요. 그저 수동적으로 당하고 빼앗기는 대신, 일어서서 맞서 싸우려는 의지를 갖게 되었고, 지배 계층도 그것을 알게 되었어요. 결국 많은 국가가 노동자들의 요구를 일부 들어줄 수밖에 없었지요. 자본주의 안에 사회주의나 공산주의의 일부 내용을 가져오게 된 거죠.

예를 들면 국가에서 다른 사람들의 세금을 걷어 경제적으로 어려운 사람들을 도와준다거나, 몸이 불편한 사람들의 통행을 보조해 주는 시설을 짓는 것은 원래 자본주의에는 없는 내용이에요. 도로와 같은 기초 설비 사업도 마찬가지고요. 이런 사업들을 개인이 한다면 반드시 손해를 보기 때문에, 국가에서 국민들의 세금으로 진행하지요.

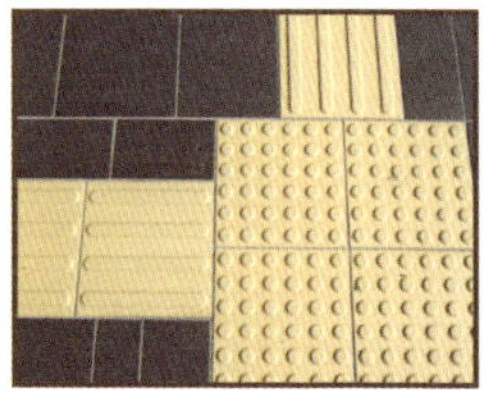

시각 장애인에게 길을 안내해 주는 점자 블록.

카를 마르크스는 《자본론》으로 엄청난 명성을 얻었지요. 그의 책은 셀 수 없을 정도로 많이 팔렸고, 카를에게 안정적인 수입원이 되었어요. 그 뒤로 카를은 자본주의가 아닌 새로운 경제 이론을 세워, 일하는 프롤레타리아 계급이 사회의 주체가 되는 세상의 기틀을 만들고자 했어요. 하지만 지금까지와는 달리 혁명에 대해서 매우 비판적이었지요. 1848년 혁명의 해에 겪은 많은 실패의 경험으로, 단번에 모든 걸 바꾸는 혁명은 불가능하다고 여겼어요.

카를 마르크스의 성품에 대해서는 여러 말이 있는데, 사람들과

의견을 나누고 토론할 때 매우 강한 편이어서, 독선적이고 강경한 사람이라는 평가가 많아요.

카를 마르크스의 성격이 얼마나 강한지 알 수 있는 일화가 있어요. 카를이 병이 들어 죽어갈 때 즈음, 그의 가장 친한 친구 프리드리히 엥겔스가 남길 유언이 있냐고 묻자 "꺼져! 유언 같은 건 살아 있을 때 할 말도 다 못한 바보들이나 하는 거라고!"라고 말했다고 해요.

물론 이건 거짓말이에요. 카를 마르크스는 친구와 지인이 보는 가운데 조용히 숨을 거두었다고 해요. 하지만 저런 거짓말에도 사람들이 고개를 끄덕일 정도니, 그의 이미지가 어땠는지 알 만하지요?

물론 아버지가 돌아가셨을 때, 바쁘다고 장례식에 가 보지 않았다거나, 프리드리히 엥겔스가 자신의 어머니가 돌아가셨다는 슬픈 소식을 편지로 알렸을 때, 돈 좀 달라는 답신을 해서 엥겔스와 절교할 뻔한 사건도 있었다고 하니, 그가 좀 이기적인 사람이었던 건 맞는 것 같아요. 프리드리히 엥겔스는 이때 정말 크게 화가 나서, 카를 마르크스가 엥겔스의 용서를 구하는 데 많은 노력을 했다고 해요. 카를이 누군가에게 진지하게 사과하는 편지를 쓴 건 이때

프리드리히 엥겔스.

가 처음이자 마지막이었다고 하죠.

반전은 그가 매우 가정적인 사람이었다는 거예요. 카를 마르크스의 큰 딸의 증언을 들어 보면, 그는 자녀들과 잘 놀아 주는 재미있는 아버지였다고 하니까요.

IV

19세기 말

케인스 선생님, 거시 경제학이 뭔가요?

존 케인스는 저명한 경제학자이자, 미시 경제학을 이야기한
앨프리드 마셜의 제자예요. 그리고 스승과 달리
거시 경제학 이론을 펼치지요.
이번 장에서는 세계의 역사적 흐름과 더불어 두 사람이 내세운
미시 경제학과 거시 경제학이 뭔지 살펴볼게요.

1. 전 세계에 부는 찬바람, 경제 공황

1873년의 장기 불황

뉴욕 증권 거래소.

존 스튜어트 밀이 죽고, 바로 다음 날인 1873년 5월 9일 오스트리아-헝가리 제국의 주가가 일제히 뚝 떨어졌어요. 1873년 유럽 공황의 시작이었지요. 오스트리아-헝가리에서 시작된 이 금융 위기는 마치 도미노처럼 유럽 전체로 퍼져 나갔고, 같은 해 9월 18일, 바다 건너 뉴욕 증권 거래소마저 주가가 폭락하며 미국까지 공황에 빠졌어요. 결국 다음 달인 10월 1일에 전 세계적인 공황 사태가 일어났다고 경제학자들은 이야기해요. 1929년에 더 큰 공황 사태가 올 때까지, '대공황'은 1873년에 시작된 공황을 가리키는 말이었어요. 하지만 지금은 둘을 구분 짓기 위해 1873년의 공황을 보통 '대불황' 또는 '장기 불황'이라고 부르고, 1929년의 공황을 '대공황'이라고 불러요.

갑자기 불어닥친 경제적 위기에 사람들은 큰 혼란에 빠졌어요. 물론 그전부터 조금씩 경제가 어려워지는 낌새는 있었지만, 언제나 사건이란 벌어지고 나면 갑작스러운 법이지요. 이 혼란으로 경

곰곰 쌤의 잡학 사전 공황이란

공황이란 두려움이나 공포가 갑자기 밀려오는 것을 말해요. 특별한 이유 없이 개인적으로 이런 일을 겪는 것을 정신과 용어로 '공황 장애'라고 하지요. 이 책에 쓰인 공황은 경제적 이유로 국가 단위의 공포스러운 상황이 밀려오는 것을 가리켜요. 근대 이후 세계의 경제는 어느 한 나라만 독립적으로 떨어져 있을 수 없게 되었기 때문에, 경제적인 공황이 오면 전 세계가 동시에 공황 상태에 빠지게 되지요.

제적으로 어려웠던 사람들은 더욱 큰 어려움에 빠졌고 사회는 혼란스러워졌어요.

이런 공황 사태가 벌어진 이유는 여러 가지 원인이 얽혀 있지만, 오스트리아 빈에서 시작된 금융 위기와 미국의 투기 투자와 인플레이션을 가장 큰 원인으로 꼽아요.

장기 불황의 시작인 1873년 5월 9일 빈 증권 거래소의 모습을 그린 그림.

오스트리아 빈에서 시작된 금융 위기는 로스차일드 등 유럽의 거대 은행들이 연쇄적으로 망하면서, 유럽 전체에 영향을 미쳤어요.

미국에서는 너도나도 철도 사업에 경쟁적으로 투자하는 바람

에 물건값이 치솟고, 그 때문에 화폐 가치가 떨어져 일반 대중의 실질적 소득이 감소하는 현상이 나타났어요. 이런 현상을 가리켜 '인플레이션'이라고 해요.

물론 이 두 사건 말고도 1871년에서 1872년까지 벌어졌던 프랑스와 프로이센 사이의 프-프 전쟁이라든가, 역사적으로도 큰 화재로 기록된 1872년의 보스턴 대화재, 1871년 시카고 대화재 등도 원인으로 꼽혀요.

이렇게 시작된 경제 불황은 약 20년 동안 이어졌어요. 경제 불황이 아직 진정되지 않은 1883년 6월 영국의 케임브리지에서 존 메이너드 케인스가 태어났지요.

수학자 케인스

이튼 칼리지.

존 케인스는 저명한 경제학자이자 대학 강사인 아버지와 시 의원이었던 어머니 사이에서 첫째 아들로 태어났어요. 앞에서 카를 마르크스가 말한 전형적인 부르주아 집안이었지요. 영국의 부르주아 집안 아이들만 간다는 이튼 칼리지에 다녔고, 이튼 칼리지를 졸업한 후에는 케임브리지 대학교에 들어갔어요. 거기에서도 엘리트들의 비밀 모임에 가입하는 등 착실히 엘리트 코스를 밟아 나갔지요.

곰곰 쌤의 잡학 사전 이튼 칼리지

이튼 칼리지는 이름은 칼리지(대학)이지만 영국의 이튼 지역에 있는 남자 중고등학교예요. 원래는 똑똑하지만 가난한 소년들을 교육하기 위해서 헨리 6세가 1440년에 세운 학교였는데, 이후로는 오히려 부유하고 유명한 집안의 아이들이 다니는 학교가 되었어요.

존 케인스는 수학과에 입학했어요. 그가 케임브리지 대학에 입학할 때는 경제학과가 없었거든요. 존 케인스가 입학한 다음 해에 최초의 경제학과가 케임브리지 대학에 생기지만, 그때까지만 해도 케인스는 경제학에 관심이 없었답니다. 사실 자신이 입학한 수학과에도 별로 관심이 없었어요. 아니, 수학을 아주 싫어했다고 해요. 오히려 철학에 관심이 많아서 철학과 수업을 비공식적으로 몰래 듣기도 했대요.

그래서인지 이튼 칼리지 때까지만 해도 수학 천재 소리를 듣던 그였는데, 대학교 성적은 그다지 좋지 않았어요. 그래도 졸업 시험에서 12등을 하긴 했지만, 2차 시험을 포기하고 공무원 시험을 보는 것으로 방향을 틀었어요.

존 케인스

케인스를 경제로 이끈 《경제학 원리》

케인스는 공무원 시험에서 전체 차석(2등)이었는데, 경제학과 수학의 점수가 낮아서 1등을 하지 못하고 2등을 했다고 해요. 이때쯤 앨프리드 마셜이 쓴 《경제학 원리》라는 책을 접하게 되었고, 이 책이 존 케인스를 경제학으로 이끌었어요.

《경제학 원리》.

점차 경제학에 관심이 생긴 존 케인스는 따로 경제학 공부를 시작했고, 나중에는 논문도 썼어요. 그의 논문을 읽은 앨프리드 마셜이 케인스에게 응원의 말을 남겼어요. 지금으로 치자면 댓글 응원을 한 셈이에요. 훗날 사람들에게 애덤 스미스의 편지와 함께 역사상 가장 겸손한 경제학자의 말이라고 불리는 말을 친구에게 한 것도 이 시기예요. "어쩌면 난 경제학에 재능이 있을지도 몰라."라고 한 말인데, 지금 다시 보면 정말 겸손한 표현이죠.

앨프리드 마셜.

이런 일이 인연이 되어 앨프리드 마셜은 존 케인스에게 "공무원 따위는 그만두고 함께 경제학을 연구하자"고 했지만, 존 케인스는 앨프리드의 권유를 거절하고 원래 목표대로 공무원 생활을 시작했어요. 하지만 2년 후 존 케인스는 앨프리드 마셜의 권유를 받아들여 공무원 생활을 그만두고 케임브리지 대학으로 돌아가서 그의 밑에서 공부하면서 함께 연구 생활을 했어요.

2. 미시 경제학의 앨프리드 마셜

사람의 삶에 도움이 되는 경제학

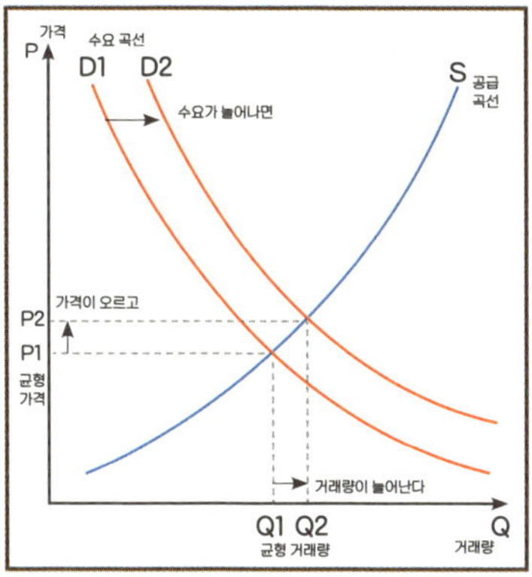

앨프리드 마셜이 만든 수요와 공급 곡선.

존 케인스의 스승인 앨프리드 마셜 역시 유명한 경제학자였어요. 그는 현대의 주류 경제학파의 시조라고 할 수 있는 학자로, 미시 경제학 분야를 연 사람이기도 해요. 앨프리드 마셜은 제자인 존 케인스와는 달리 수학을 좋아했다고 하고, 경제학에 현대적 개념을 도입해서 보다 세밀하고 정확하게 경제 상황을 예측하고 확인했어요. 그의 경제학을 따른 한계 효용학파 학자들은 후에 미적분학을 경제학에 적용해서, 경제학 발전에 큰 기여를 했지요.

그럼에도 앨프리드 마셜은 책을 쓸 때 수식을 거의 쓰지 않았어요. 왜냐하면 '경제학은 사람의 삶에 도움이 되어야 한다'고 생각했기 때문이에요. 그의 연구실 문에는 '런던의 빈민굴에 가 보지 않은 사람은 이 문을 두드리지 말 것'이라는 문구를 붙여 놓을 정도로, 그는 사람들에게 도움이 되는 학문을 연구하고 싶어 했어

요. 특히 지금도 많은 사람이 인용하는 "머리는 차갑게, 가슴은 뜨겁게!"라는 앨프리드 마셜의 명언은, 그가 학문과 삶을 대하는 태도가 어땠는지 알 수 있는 말이에요.

그의 이런 방침 때문에 수학을 싫어하던 존 케인스도 앨프리드 마셜의 경제학 책을 재밌게 읽을 수 있었던 것이지요.

곰곰 쌤의 잡학 사전 미적분학의 다양한 활용

미적분학은 뉴턴과 라이프니츠가 만든 계산법으로, 곡선처럼 기존에는 할 수 없었던 것들을 계산하기 위해 만든 계산법이에요. 미적분학 덕분에 현대 과학이 정립될 수 있었고, 그래서 현대에는 화학, 물리 같은 자연 과학뿐만 아니라, 경제, 경영 등의 인문 과학 분야까지 모두 미적분학을 사용하고 있어요. 현대에 수학이 가장 중요한 학문 취급을 받는 이유가 여기에 있답니다.

3. 거시 경제학의 존 케인스

인정받는 경제학자로

앨프리드 마셜의 제자로 들어가고 2년이 지난 1911년, 존 케인스는 영국 왕립 경제 학회에서 공식적으로 발간하는 〈이코노믹 저널〉의 편집장이 되었어요. 이런 전문 잡지의 편집장은 해당 분야에 뛰어난 지식이 있고, 문장력 또한 뛰어나야 할 수 있는 직책이에요. 그런데 경제학에 뛰어든 지 2년밖에 안 된 스물여덟 살의 젊은이가 편집장이 되었으니 대단한 일이라 할 수 있어요.

존 케인스.

그로부터 3년 뒤 1914년에 제1차 세계 대전이 터졌어요. 영국 정부는 급히 전시 체제로 돌입했는데, 특히 영국 재무성은 초비상 사태에 들어갔죠. 왜냐하면 전쟁은 엄청나게 많은 돈을 쓰는 일이어서, 국가에 경제적으로 큰 부담이 되기 때문이에요. 영국 재무성은 뛰어난 경제학자들을 자문 위원으로 소집했고, 여기에 존 케인스도 끼어 있었어요.

존 케인스는 전쟁이 끝나고 종전 협정인 베르사유 조약 체결에도 참여했는데, 이때 조약 내용에 대해 크게 불만을 드러냈다고 해

1919년 6월 28일 제1차 세계 대전의 평화 협정인 베르사유 조약의 서명 모습을 그린 그림.

요. 특히 영국과 프랑스가 침략국인 독일에게 강력한 압박을 가하는 것을 문제 삼았어요. 그 내용이 각국의 경제적 회생이나 안정성 어느 쪽에도 도움이 안 된다고 봤거든요. 존 케인스는 그의 책에서 이 내용을 언급하면서 '(이대로는) 남은 것은 전쟁뿐'이라고 지적했어요. 실제로 베르사유 조약의 지나친 부담이 문제가 되어 제2차 세계 대전이 일어났으니, 그의 분석이 맞았던 셈이지요.

전쟁이 끝난 뒤 존 케인스는 점점 더 경제학자로서 왕성하게 활동했어요. 책도 여러 권 써서 출간하고 다른 경제학자들과 교류도 활발히 했지요. 그러던 중 1929년 미국에서 시작된 대공황이 전 세계를 휩쓸었어요.

1929년의 대공황

1929년에 미국에서 시작된 '대공황'은 10년 동안 전 세계를 휩쓸었어요. 이 심각한 경제 침체와 금융 시장의 혼란은 사회의 혼란을 불러왔고, 미국과 유럽은 극심한 혼란을 겪으며 경제와 사회가 무너졌어요. 경제적인 어려움 때문에 사람들의 마음에 여유가 사라지고 분노가 차올라, 인종 차별과 노사 갈등 등 사회적 문제가 심각해지기도 했죠. 그리고 개인의 자유와 가치보다 국가의 이익을 우선하는 전체주의가 휩쓸게 되었어요. 특히 독일의 경우 베르사유 조약 때문에 큰 어려움을 겪고 있었는데, 대공황까지 덮치는 바람에 다른 나라보다도 더 어려웠지요. 결국 그전까지는 지지율이 3퍼센트도 되지 않았던 소수 정당인 나치당이 대공황을 겪으면서 지지율이 30퍼센트 이상으로 치솟아, 제2차 세계 대전의 어두운 그림자를 드리우게 됐지요.

1929년 미국 대공황

인종 차별

노사 갈등

독일, 나치당 지지

이런 심각한 경제 현상을 마주한 존 케인스는 경제학자로서 연구한 결과를 1936년 그의 가장 유명한 저서인 《고용, 이자, 화폐에 대한 일반론》에서 발표했어요. 그는 이 저서로 스승에 버금가는 거시 경제학의 시초가 될 수 있었어요. 거시 경제학은 스승인 앨프리드 마셜의 미시 경제학과 더불어 현대 경제학의 중요한 두 축이 되었어요. 국가 전체의 경제를 파악하는 것은 각각의 세세한 경제를 파악하는 것과는 또 다른 문제라는 걸 알게 되었거든요.

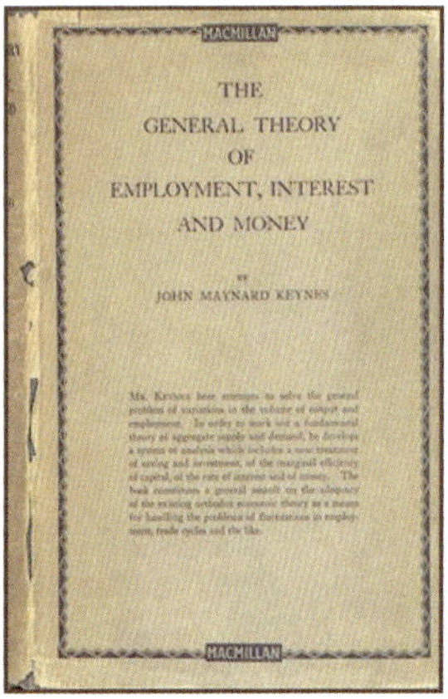

《고용, 이자, 화폐에 대한 일반론》 초판본 표지.

'미시 경제학'은 시장 내에서 생산, 구매 등 경제 활동을 하는 개별적 주체들의 행동을 분석하는 학문이에요. 개별 상품의 가격 변동으로 소비자나 기업과 같은 판매자인 경제 활동 주체가 어떻게 가격을 형성하고 거래하는지를 살피지요.

미시 경제학에서는 가계(소비자), 기업(생산자), 국가(행정부)를 경제 주체로 보는데, 그들 간의 경제적 움직임을 파악하고 원리와 규칙을 표현해요. 여기에서 보통 행정부는 보조적인 역할, 영화에 비유하면 조연이고, 가계와 기업이 주연이지요.

그에 반해 '거시 경제학'은 한 나라의 전반적인 경제 현상 등을 국가 단위로 묶어서 집계하고 분석하는 학문이에요. 국민 소득,

전체 소비 성향, 물가 변동 등을 파악해 나라 전체의 경제적인 흐름과 성장을 살펴요.

거시 경제학은 기존의 고전파 경제학과는 달리, 범사회적인 문제에 대해 국가가 관여해야 하며, 국가 단위의 경제는 단순히 개별적인 미시 경제 단위의 모임이 아니라 또 다른 형태의 경제 단위이므로 미시 경제에서의 규칙과는 다른 규칙이 필요하다는 것이에요.

제2차 세계 대전과 기축 통화

1939년 제2차 세계 대전이 터졌고, 영국 재무성은 다시 한 번 경제학자들을 자문 위원으로 호출했어요. 존 케인스 역시 다시 국가를 위해 일하게 되었죠. 당시 영국과 미국은 두 가지 측면에서 비슷한 점이 있었어요. 하나는 독일-이탈리아-일본에 대항하는 동맹이라는 점이었고, 다른 하나는 다른 나라와는 달리 독일, 이탈리아, 일본 세 나라와 바다를 사이에 두고 떨어져 있다는 것이었지요. 다른 유럽 대륙 본토의 국가들보다 비교적 안전했던 두 국가는 전쟁에 승리하고 난 후의 전 세계 경제 체계에 대한 논의를 비밀리에 시작했어요. 1941년 두 나라는 가장 저명한 경제학자를 보내 그 문제를 논의했지요.

해리 덱스터 화이트(왼쪽)와 존 케인스(오른쪽).

미국에서는 해리 덱스터 화이트가, 영국에서는 존 케인스가 나섰어요. 둘은 거의 3년 동안 연구한 끝에, 새로운 기축 통화를 마련하기로 했지요. '기축 통화'란 세계 무역에서 기준이 되는 통화, 즉 나라끼리 물건을 사고팔 때 쓰는 돈을 말해요. 그 전까지 모든 국가는 금으로 나라끼리 거래를 했고, 자국의 화폐는 언제든 원하는 만큼 금으로 교환하는 형태의 금 중심 경제, 즉 '금본위제'를 채택하고 있었어요.

1882년부터 1933년까지 미국에서 금화로 자유롭게 전환할 수 있었던 종이 화폐, 금 증서.

하지만 시간이 흐르면서 무역량이 급증했고, 각국이 가진 금의 양만으로는 도저히 전 세계에서 사용되는 화폐

제2차 세계 대전이 발발하자
영국 재무성은 존 케인스를
호출했어.
영국과 미국의 공통점은
독일-이탈리아-일본에 대항하는 동맹이고
독일, 이탈리아, 일본 세 나라와
바다를 사이에 두고 떨어져 있다는 거야.
3년
금과 교환 가능한 통화인
기축 통화를 마련했어.
미국의 해리 덱스터 화이트와
영국의 존 케인스가 3년 동안 연구해서
기축 통화로 새로운
통화 만들자!
미국의 달러를
기축 통화로!
존 케인스
해리 덱스터 화이트

를 감당할 수 없게 되었어요. 그래서 금을 대신해 국가끼리 거래할 때 쓸 수 있는 기축 통화가 필요해졌지요. 금과 교환할 수 있는 기축 통화는 금과 달리 필요하면 만들 수 있으니까요. 물론 이렇게 하기 위해서는 모든 나라가 같은 기축 통화를 쓰기로 동의해야 하지요.

미국 뉴햄프셔주의 브레턴우즈.

전쟁이 사실상 마무리되어 가던 1944년 7월 1일, 미국의 브레턴우즈라는 곳에서 식민지 국가를 포함한 전 세계 국가의 비공식 대표가 모여 기축 통화를 정하게 되었어요.

원래 존 케인스는 기축 통화로서 새로운 화폐를 만들려고 했어요. 하지만 해리 화이트가 반대했지요. 미국의 통화인 달러를 기축 통화로 삼으면 된다면서요. 다른 나라도 대부분 이에 찬성했어요. 첫 번째 이유는 미국이 그만큼 강대국이 되었기 때문이고, 다음으로는 두 번의 세계 대전을 치르면서 전 세계 금의 약 70퍼센트가 미국으로 흘러 들어갔기 때문이었어요.

이렇게 미국 달러를 기축 통화로 정하고 미국 달러는 금으로 교환이 가능한 새로운 금 본위제를, 회의가 열렸던 지역의 이름을 따서 '브레턴우즈 체제'라고 불러요.

제2차 세계 대전이 끝난 다음 해인 1946년 존 케인스는 노환으로 사망했어요. 그는 젊은 시절 결혼은 했지만 아이는 없었어요. 존 케인스는 여러 업적 덕택에 1942년 작위를 물려줄 수 있는 남작으로 임명되었는데, 아이가 없었기 때문에 아쉽게도 그의 남작 작위는 사라져 버리고 말았어요.

V

20세기

모르겐슈테른, 게임 이론을 경제학에

헝가리 출신 수학자 존 폰 노이만과
독일 출신 경제학자 오스카 모르겐슈테른은
제2차 세계 대전 때 미국으로 망명했어요.
그들은 미국에서 만나 경제학에 게임 이론을 접목시켜
더 좋은 이론을 만들고자 했지요.

1. 제1, 2차 세계 대전

유럽 열강들의 갈등

유럽은 대항해 시대를 거치면서 전 세계로 뻗어 나갔고, 18세기에 이르러서는 세계 곳곳을 그들의 식민지로 삼았어요. 더욱이 프랑스의 나폴레옹이 몰락한 이후, 유럽은 큰 전쟁 없이 거의 100년 동안 평화의 시기를 보냈어요. 물론 그 사이 여러 사건이 있었지만, 서로 죽고 죽이는 끔찍한 일은 거의 없었으니까요. 그러다 보니 유럽 각국의 힘은 커질 대로 커졌고, 그 사이에서 새롭게 강자가 된 국가들의 불만도 커질 대로 커진 상태였지요.

1914년 6월 28일, 당시 오스트리아의 영토였던 사라예보에서 사건이 일어났어요. 사라예보를 방문한 오스트리아-헝가리 제국의 황태자 부부를 보스니아 독립 운동을 하던 청년들이 암살했어요. 이 일을 빌미로 오스트리아 제국은 그동안 갈등을 빚던 세르비아에 절대 받아들일 수 없는 요구의 최후통첩을 보냈어요.

사실 암살을 한 청년은 세르비아인도 아니었지만, 보스니아 독립 운동 자체가 독립하여 세르비아와 합치려는 것이었기 때문에 오스트리아에 빌미가 된 것이었지요.

1914년 6월 29일 사라예보 반세르비아 폭동의 여파로 거리에 모여든 군중의 모습.

제1차 세계 대전

약소국이었던 세르비아는 전쟁만은 피하고 싶었지만, 주권을 침해하는 내용의 최후통첩을 받아들일 수 없었고, 결국 오스트리아는 세르비아에 전쟁을 시작하겠다는 외교적 선언, 즉 선전 포고를 했어요.

다음 날 세르비아와 삼국 협상(이탈리아, 오스트리아, 독일의 삼국 동맹 위협에 대항하기 위하여 1907년에 이루어진 프랑스, 영국, 러시아의 상호 협상) 소속인 러시아는 이 사건에 대응해 총동원령을 내렸고, 오스트리아의 삼국 동맹(1882년에 독일, 오스트리아, 이탈리아가 프랑스에 대항하기 위하여 체결한 비밀 군사 동맹) 동맹국인 독일은 이에 반발해 러시아와 프랑스에 최후통첩을 보냈어요. 프랑스는 러시아와 같은 삼국 협상 소속이었거든요. 이렇게 유럽 대륙은 전쟁에 휩싸이게 되었고, 독일의 이웃 나라인 벨기에는 독일의 침공을 받았어요. 이 때문에 중립을 유지하던 영국이 동맹국인 벨기에를 돕겠다고 전쟁에 참여했고, 당시 영국과 동맹이던 일본도 독일에 선전 포고를 했어요. 이후 1917년 미국의 참전까지 거의 전 세계의 열강과 그 동맹국이 전쟁에 뛰어들었고, 끔찍한 전쟁은 1914년부터 1918년까지 약 5년 동안 계속되었어요. 이것이 바로 제1차 세계 대전이에요.

제1차 세계 대전 군사 동맹을 나타낸 지도.

전쟁 이후 세계는 크게 변했어요. 패전국인 오스트리아-헝가리 제국은 해체되었고, 독일은 전쟁에서 진 나라가 상대편 나라에 끼친 손해를 갚기 위한 어마어마한 전쟁 배상금을 떠안았어요. 전쟁 말기 혁명이 일어나 독일 제국은 망하고 바이마르 공화국이 되었고요. 오스만 제국은 크게 피해를 입을 뻔했지만, 가까스로 지금의 튀르키예 영토를 유지할 수 있었고, 러시아 역시 혁명이 일어나 세계 최초의 공산주의 국가가 되었어요.

승전국이 된 영국과 프랑스는 가장 큰 이득을 보았는데, 그것은 패전국의 영토와 많은 식민지를 나눠 가져갔기 때문이에요. 그리고 앞으로 이런 일이 없도록 국제기구인 '국제 연맹(LN)'을 만들었지만, 사실상 있으나 마나 해서 지금의 '국제 연합(UN)'과 같은 영향력은 없었어요.

곰곰 쌤의 잡학 사전 국제 연맹(LN)과 국제 연합(UN)

국제 연맹의 반공식 문장.

'국제 연맹'은 제1차 세계 대전이 끝나고 2년 뒤인 1920년에 설립되었어요. 국제 연맹이 하는 일은 우리가 잘 아는 국제 연합(UN)과 거의 같았어요. 다만. 국제 연맹을 만들자고 처음 주장했던 미국은 끝까지 국제 연맹에 가입하지 않았고, 제2차 세계 대전을 일으킨 독일, 이탈리아, 일본은 상임 이사국이었음에도 연맹을 탈퇴한 뒤 전쟁을 일으켰어요. 공산 혁명이 일어나 소비에트 연방(소련)이 된 러시아도 나중에 가입했지만, 소련은 1939년 제명당했어요.

그래서 국제 연맹은 제2차 세계 대전이 끝나고 나서 1년 뒤인 1946년 '국제 연합'으로 이름을 바꾸고, 미국과 소련의 가입을 받아들여 인류 역사상 가장 규모가 큰 국제 연합 기구가 되었어요.

국제 연합 문장.

제2차 세계 대전

결국 승전국에 압도적으로 유리한 이 전후 처리가 문제가 되어 제1차 세계 대전이 끝난 지 얼마 되지 않은 1939년 9월 1일 나치 독일의 폴란드 침공으로 제2차 세계 대전이 일어났지요.

제2차 세계 대전은 독일과 이탈리아, 일본이 주축이 되어 전쟁을 일으켜서, 이들 세 나라를 '추축국'이라고 불러요. 이들이 전쟁을 일으킨 이유는 서로 조금씩 달랐지만, 공통적으로 경제적인 이유를 가지고 있었어요. 특히 어마어마한 전쟁 배상금을 짊어지고 있던 독일은 국제적 동정 여론에 힘입어 간신히 경제를 회복해 나가고 있었는데, 1929년 미국에서부터 일어난 대공황이 치명타가 되었어요. 대공황으로 독일은 거의 회생 불가능한 상태가 되었고, 그간 별 힘을 받지 못하던 나치당이 정권을 잡는 계기가 되었지요.

일본 역시 비슷했어요. 제1차 대전 이후 유럽 열강들이 서서히 힘을 되찾자, 품질이 떨어지는 일본 제품의 수출이 막혔어요. 거기에 일본의 성장을 경계하기 시작한 유럽 각국의 견제로 일본 경제는 어려움을 겪었어요. 그러던 중 역시 미국에서부터 시작된 대공황이 상황을 더 나쁘게 만들었지요.

제2차 세계 대전은 1943년 이탈리아의 최초 항복 이후, 1945년 일본의 마지막 항복으로 막을 내렸어요. 이 전쟁 또한 전쟁 이후 세계에 큰 변화를 가져왔는데, 가장 큰 변화가 미국 중심의 자본주의 진영과 러시아를 비롯한 소비에트 연방 중심의 공산주의 진영의 대립이었지요. 실질적 영향력을 가진 국제기구인 국제연합(UN)도 만들어졌고요. 그 밖에도 각 나라가 대부분의 식민지를 독립시켜 주었어요. 또한 제1차 세계 대전 때와는 달리, 패전국에게 지나친 배상금을 요구하거나 불이익을 주지 않았지요.

1945년 9월 2일 일본의 항복 당시 미국 해군 전함에 탄 일본 대표자들의 모습

2. 미국으로 망명한 두 학자

전쟁을 피해

1914년~1918년에 벌어진 제1차 세계 대전과 1939년~1945년의 제2차 세계 대전은 그 간격이 꽤 짧았어요. 그래서 제1차 대전을 겪은 많은 사람이 제2차 세계 대전도 겪었지요. 그들은 전쟁의 끔찍한 참상을 제1차 세계 대전 때 직접 보거나 들었고, 제2차 세계 대전의 조짐이 보이자 대부분 전쟁을 피해 도망가려고 했어요. 그건 과학자나 수학자도 마찬가지였어요.

존 폰 노이만.

헝가리 출신 수학자 존 폰 노이만 역시 마찬가지였지요. 그는 헝가리에서 태어났지만 독일에서 대학교를 다니고 공부했어요. 하지만 독일의 분위기가 점점 험악해지고, 집권당이 된 나치가 유대인들을 탄압하자, 유대인이었던 노이만은 미국으로 망명할 수밖에 없었어요. 그리고 원래는 헝가리식으로 '노이먼 야노시 러요시(헝가리는 우리나라처럼 성을 앞에 쓰고 이름을 뒤에 써요.)'였던 이름을 다른 사람들처럼 미국식으로 바꿔서 '존 폰 노이만'이 되었어요.

오스카 모르겐슈테른.

그와 비슷하게 미국으로 망명한 사람이 있었는데, 독일 출신 경제학자 오스카르 모르겐슈타인이에요. 그 역시 미국으로 망명한 뒤로는 미국식으로 '오스카 모르겐슈테른'이라고 이름을 바꿨어요. '오스카 모건스턴'이라고도 하고요.

1902년 독일에서 태어난 오스카 모르겐슈테른은 오스트리아의 빈 대학교에서 공부했어요. 1925년 대학을 졸업한 그는 그 뒤로 3년 동안 록펠러 재단의 장학생이 되었고, 그 이후 자신이 졸업한 빈 대학교에서 경제학 교수로 지냈어요. 교수로 지내면서 여러 활동을 했는데, 그중 국제 연맹(LN)의 외부 전문가로 일하면서 연구할 정도로, 경제학자로서의 명성을 얻었답니다.

경제학 연구에 도움이 된 수학 논문

오스카 모르겐슈테른이 존 폰 노이만을 알게 된 것은 1935년 <완벽한 예측과 경제적 균형>이라는 경제학 분야에서 잘 알려진 논문을 발표한 이후였어요. 그의 동료였던 에두아르트 체흐가 경제학 연구에 도움이 될 것 같다면서 그 당시 수학자로서 명성을 쌓고 있던 존 폰 노이만의 논문을 소개해 주었어요. 그 논문이 바로 <게임 이론>이었지요. '게임 이론'은 정해진 규칙에 맞게 무언가를 진행해서 수학적으로 결과를 예측하는 이론을 말해요.

존 폰 노이만은 이 논문을 1928년에 발표했지만, 오스카 모르겐슈테른이 알게 된 건 1935년이었어요. 오스카는 존의 논문을 읽고, 게임 이론이 대단히 뛰어나고 정밀한 이론이라는 것을 알게 되었어요. 하지만 지나치게 광범위한 내용을 다루는 것 같았죠. 그래서 존과 함께 연구를 하고 싶었지만, 당시 존 폰 노이만은 나치의 위협을 피해 미국으로 피신한 상태였어요. 이후 오스카 모르겐슈테른 역시 미국으로 망명하게 되었고, 거기서 드디어 존을 만났답니다. 오스카보다 먼저 미국에 온 존이 프린스턴 대학교의 수학과 교수로 있었는데, 오스카도 프린스턴 대학교의 경제학과 교수가 되었거든요.

프린스턴 대학교에서 가장 오래된 건물인 나소 홀.

존 폰 노이만은 미국에서 엄

청나게 바쁜 나날을 보내고 있었지요. 그는 어려서부터 신동으로 불린 데다가, 20대 때 이미 수많은 업적을 쌓은 세계적인 유명인이었으니 어쩌면 당연했어요. 지금도 수학과 기초 과학 연구소로 유명한 프린스턴 고등 연구소의 창립 교수 네 명 가운데 한 명이기도 해요.

존 폰 노이만을 만난 오스카 모르겐슈테른

존 폰 노이만을 만난 오스카 모르겐슈테른은 노이만의 논문 〈게임 이론〉에 대해 이야기하며 경제학에 국한하여 좀 더 차근차근 이론을 발전시키는 것이 어떻겠냐고 제안했어요. 게임 이론과 경제학을 연결해서 함께 연구하자고요. 하는 일이 많았던 존 폰 노이만이었지만, 오스카 모르겐슈테른의 제안은 꽤 흥미로웠어요. 존은 오스카의 제안을 수락했고, 그들은 함께 연구를 시작했어요. 마침내 1944년 연구의 결실을 맺어 《게임 이론과 경제 행동》이라는 책을 내놓게 되었지요.

《게임 이론과 경제 행동》 60주년 기념판.

이 책에서는 경제 현상을 체스, 포커와 같이 미리 정해진 규칙에 따라 행동하는 게임으로 봤어요. 게임의 결과는 자신뿐 아니라 경쟁자의 행동에서도 영향을 받지요. 이들은 이러한 게임에서 이기

기 위해 가장 중요한 것은 상대방의 행동을 예측하는 것이라고 생각했어요.

《게임 이론과 경제 행동》은 게임 이론이 구체적인 학문적 성과로 이어질 수 있다는 첫 번째 사례가 되었고, 현대 경제학 연구에도 큰 영향을 끼쳤어요. 이후 게임 이론을 가지고 다양한 분야의 많은 학자가 연구했는데, 특히 1950년 프린스턴 대학교 수학과에 다니던 존 포브스 내시는 경제학 분야의 게임 이론에 대해 중요한 업적을 남겨서, 수학자임에도 불구하고 노벨 경제학상을 받았답니다.

《게임 이론과 경제 행동》을 낸 이후로는 존 폰 노이만과 오스카

맨해튼 계획의 비공식 문장.

모르겐슈테른이 함께 연구하지는 못했어요. 제2차 세계 대전이 막바지에 다다르면서 존이 너무 바빠졌기 때문이에요. 당시 존은 원자 폭탄 개발 계획인 '맨해튼 계획'을 포함해서 수많은 미군의 비밀 프로젝트에 참여하고 있었거든요.

전쟁이 끝나고 나서도 둘은 더 이상 함께하지 못했어요. 맨해튼 계획에 열성적으로 참여했던 존 폰 노이만이 방사능 때문에 생긴 것으로 추측되는 암으로, 1957년 53세의 나이로 사망했기 때문이에요. 그러나 이후 게임 이론은 다양한 분야에서 연구되어 지금은

곰곰 쌤의 잡학 사전 존 포브스 내시의 '내시 균형 이론'

존 포브스 내시.

사람들은 누구나 상대를 제치고 오직 혼자서만 이익을 얻으려는 경향이 있어요. 모든 사람이 이렇게 하면 모두 망하게 되지만요. 여기에서 내시는 모두에게 이익이 되는 전략을 구할 수 있다고 생각했어요. 모든 사람은 다른 사람이 택할 전략을 예상하고, 그것을 전제로 자신이 취할 최적의 전략을 선택해요. 이때 누구든 자신이 취할 전략 말고 다른 전략을 선택해서는 이익을 얻을 수 없으므로, 그 전략을 바꾸려고 하지 않을 거예요. 결국 모든 사람은 각자의 이익과 맞아떨어지는 선택을 해 안정 상태가 유지되는데, 이것이 바로 '내시 균형 상태'예요. 다만 이 이론은 전략 선택이 한 번으로 끝나는 게임을 설명하는 데에만 적용되기 때문에, 실제 경제 현상에서의 전략 선택이 반복되는 게임이나, 다른 사람들이 취한 전략을 보고 다시 전략을 선택하는 게임에는 적용할 수 없다는 한계가 있어요.

한 분야에만 한정된 이론이 아니라 모든 분야에서 합리적인 의사 결정을 연구할 때 폭넓게 쓰여요.

오스카 모르겐슈테른 광장과 메달

오스카 모르겐슈테른 역시 바쁜 삶을 살았어요. 존 폰 노이만과 책을 발간하고 4년 뒤에 결혼을 했고, 그 뒤 1950년에는 미국 통계 협회의 수석 회원이 되기도 했죠. 1970년까지 프린스턴 대학교에서 경제학 교수직을 지낸 그는 이후 뉴욕 대학교의 교수로 지내다가 1977년에 사망했어요.

오스카 모르겐슈테른은 사망하기까지 많은 연구와 활동을 했어요. 그의 모교이자 처음 교수 생활을 했던 빈 대학교는 그를 기리기 위해 2012년 경제학부와 수학과 사이의 광장에 '오스카 모르겐슈테른 광장'이라는 이름을 붙이고, 다음 해인 2013년에는 '오스카 모르겐슈테른 메달'을 제정하여 경영·경제·통계 분야에서 뛰어난 업적을 달성한 이에게 2년마다 메달을 수여하고 있어요.

빈 대학교 수학과 건물 앞의 오스카 모르겐슈테른 광장 조각품.

사진 출처

- 15쪽 플라톤 시대의 아카데메이아를 모자이크로 나타낸 그림: 위키 퍼블릭
- 15쪽 플라톤의 《국가》: 파리 국립 도서관
- 17쪽 플라톤: 위키 퍼블릭
- 19쪽 아리스토텔레스: 위키 퍼블릭
- 24쪽 포르투갈 리스본에 있는 발견기념비: Alvesgaspar, CC BY-SA 3.0
- 27쪽 아이작 뉴턴 초상: 런던 국립 초상화 갤러리
- 27쪽 게오르크 프리드리히 헨델 초상: 런던 국립 초상화 갤러리
- 29쪽 제임스 와트의 증기 기관: Nicolás Pérez, CC BY-SA 3.0
- 29쪽 제임스 와트 초상: 국립 초상화 미술관
- 32쪽 애덤 스미스: 위키 퍼블릭
- 33쪽 글래스고 대학교: 0404343m, CC BY-SA 3.0
- 33쪽 데이비드 흄 초상: 카르나발레 박물관
- 34쪽 '보스턴 차 사건'을 그린 그림: 위키 퍼블릭
- 35쪽 벤저민 프랭클린 초상: 위키 퍼블릭
- 35쪽 볼테르 초상: 카르나발레 박물관
- 37쪽 중상주의가 절정에 달했던 1638년 프랑스 항구의 모습을 그린 그림: 위키 퍼블릭
- 40쪽 《국부론》: 위키 퍼블릭
- 42쪽 애덤 스미스의 무덤: 위키 퍼블릭
- 44쪽 데이비드 리카도: 위키 퍼블릭
- 45쪽 《정치 경제학과 과세의 원리》: 위키 퍼블릭
- 52쪽 〈민중을 이끄는 자유의 여신〉: 루브르 박물관
- 53쪽 나폴레옹 초상: 내셔널 갤러리
- 58쪽 런던에 있던 영국 동인도 회사의 본사를 그린 그림: 위키 퍼블릭
- 59쪽 존 스튜어트 밀: 위키 퍼블릭
- 60쪽 해리엇 테일러: 위키 퍼블릭
- 61쪽 《정치 경제학 원리》: 위키 퍼블릭
- 64쪽 여성 참정권을 주장하는 존 스튜어트 밀을 풍자해서 그린 그림: 위키 퍼블릭
- 65쪽 베를린 대학교: Friedrich Petersdorff, CC BY 2.0 de
- 66쪽 청년 시절의 카를 마르크스: 위키 퍼블릭

- 68쪽 인쇄되어 나오는 〈라인 신문〉을 보는 마르크스와 엥겔스 그림: 위키 퍼블릭
- 68쪽 예니 폰 베스트팔렌: 위키 퍼블릭
- 70쪽 《공산당 선언》 독일어 초판본: 위키 퍼블릭
- 70쪽 자본주의 비판 그림: 위키 퍼블릭
- 71쪽 1848년 프랑스, 독일, 오스트리아 혁명을 그린 그림: 위키 퍼블릭
- 72쪽 카를 마르크스: 위키 퍼블릭
- 73쪽 《자본론》 제1권: 위키 퍼블릭
- 75쪽 시각 장애인에게 길을 안내해 주는 점자 블록: Haragayato, CC BY-SA 2.5
- 76쪽 프리드리히 엥겔스: 위키 퍼블릭
- 80쪽 뉴욕 증권 거래소: Kowloonese, CC BY-SA 3.0
- 81쪽 장기 불황의 시작인 1873년 빈 증권 거래소의 모습을 그린 그림: 위키 퍼블릭
- 83쪽 이튼 칼리지: Kaihsu Tai, CC BY-SA 3.0
- 85쪽 《경제학 원리》: Dipsey, CC BY-SA 3.0
- 85쪽 앨프리드 마셜: 위키 퍼블릭
- 89쪽 존 케인스: 위키 퍼블릭
- 90쪽 베르사유 조약의 서명 모습을 그린 그림: 런던 제국 전쟁 박물관
- 92쪽 《고용, 이자, 화폐에 대한 일반론》 초판본 표지: 위키 퍼블릭
- 94쪽 해리 덱스터 화이트(왼쪽)와 존 케인스(오른쪽): 위키 퍼블릭
- 94쪽 1882년부터 1933년까지 미국에서 사용된 금 증서: 위키 퍼블릭
- 96쪽 미국 뉴햄프셔주의 브레턴우즈: Sven Klippel, CC BY-SA 2.5
- 101쪽 사라예보 폭동으로 거리에 모여든 군중의 모습: 위키 퍼블릭
- 103쪽 국제 연맹의 반공식 문장: CC BY-SA 4.0
- 103쪽 국제 연합 문장: 위키 퍼블릭
- 105쪽 1945년 일본의 항복 당시 일본 대표자들의 모습: 미국 국립 문서 보관소, 위키 퍼블릭
- 107쪽 존 폰 노이만: LANL, 공공이용
- 107쪽 오스카 모르겐슈테른: 공공이용
- 109쪽 프린스턴 대학교에서 가장 오래된 건물인 나소 홀: Elisa.rolle, CC BY-SA 3.0
- 110쪽 《게임 이론과 경제 행동》 60주년 기념판: 공공이용
- 112쪽 노이만이 참여한 맨해튼 계획의 비공식 문장: 위키 퍼블릭
- 112쪽 존 포브스 내시: Elke Wetzig, CC BY-SA 3.0
- 113쪽 빈 대학교 오스카 모르겐슈테른 광장 조각품: Peter Haas, CC BY-SA 3.0

수학으로 배우는
읽을수록 빠져드는
세계사
이런 수학은 처음이야!!
아니야, 역사라고!
제제의숲

과학으로 배우는
읽을수록 빠져드는
세계사
이런 과학은 처음이야!!
아니야, 역사라고!
제제의숲

수학편,
과학편도
읽어 볼래?